Marketing en esencia

Diseño de tapa:
EL OJO DEL HURACÁN

ADA LEYVA

Marketing en esencia

Gestiona tu marca personal,
profesional y empresarial

GRANICA

ARGENTINA - ESPAÑA - MÉXICO - CHILE - URUGUAY

© 2016 *by* Ediciones Granica S.A.

ARGENTINA
Ediciones Granica S.A.
Lavalle 1634 3° G / C1048AAN Buenos Aires, Argentina
granica.ar@granicaeditor.com
atencionaempresas@granicaeditor.com
Tel.: +54 (11) 4374-1456 Fax: +54 (11) 4373-0669

MÉXICO
Ediciones Granica México S.A. de C.V.
Valle de Bravo N° 21 El Mirador Naucalpan Edo. de Méx.
(53050) Estado de México - México
granica.mx@granicaeditor.com
Tel.: +52 (55) 5360-1010 Fax: +52 (55) 5360-1100

URUGUAY
granica.uy@granicaeditor.com
Tel: +59 (82) 413-6195 FAX: +59 (82) 413-3042

CHILE
granica.cl@granicaeditor.com
Tel.: +56 2 8107455

ESPAÑA
granica.es@granicaeditor.com
Tel.: +34 (93) 635 4120

www.granicaeditor.com

ISBN 978-950-641-891-5

Hecho el depósito que marca la ley 11.723

Impreso en Argentina. *Printed in Argentina*

Leyva, Ada
   Marketing en esencia : gestiona tu marca personal,
profesional y empresarial / Ada Leyva. - 1a ed . - Ciudad
Autónoma de Buenos Aires : Granica, 2016.

   176 p. ; 22 x 15 cm.

   ISBN 978-950-641-891-5

   1. Marketing. I. Título.
   CDD 658.83

A mi familia, por su apoyo,
y a quienes me inspiraron con sus ideas.

ÍNDICE

SEGUNDA PARTE
EL CAMPO DE ACCIÓN: ¿LA MENTE O EL CORAZÓN?

Capítulo 1
Directo al punto

TERCERA PARTE
CONCEPTOS DE BASE

Capítulo 2
Posicionamiento y segmentación

CUARTA PARTE
DESTILANDO LA ESENCIA

Capítulo 3
Posicionamiento

QUINTA PARTE
SINCERANDO EL ALCANCE DEL POSICIONAMIENTO AL APLICARLO TRANSVERSALMENTE

Capítulo 4
Posicionamiento transversal   129

SEXTA PARTE
EL ENFOQUE EN EL CLIENTE REQUIERE UN NUEVO TIPO DE SEGMENTACIÓN:
LA RELACIONAL

Capítulo 5
Segmentación relacional   149

SÉPTIMA PARTE
¿Y CÓMO LO APLICAMOS AL ÁMBITO PERSONAL?

Capítulo 6
Marketing personal   159

BIENVENIDO

Bienvenido a *Marketing en esencia,* un enfoque innovador, moderno, práctico y actual desde la base del marketing. Un libro para quienes quieran crear su propia fórmula de éxito, para aquellos que piensen en desarrollar su propio emprendimiento, incursionar en el mercado y lanzar un producto o servicio, liderar en su categoría, y para quienes quieran recordar o actualizarse con una visión diferente e integral.

Es una reivindicación del marketing, que le da su espacio y lugar, que destila su esencia, desarrollando además dos novedosos conceptos: *posicionamiento transversal* y *segmentación relacional.*

Sin duda, es toda una novedad en este campo, que le permitirá entender mejor lo que realmente es el marketing y lo que puede aportarle a su marca personal, profesional, y llevarlo a la práctica en el campo laboral y empresarial.

PRÓLOGO

Una revisión de *Marketing en esencia*
por Al Ries, presidente de Ries & Ries, gurú de marketing,
padre del posicionamiento, escritor de best sellers
(Atlanta, Georgia, EE.UU.)

"La voz de la razón en América del Sur" es como yo llamo a Ada Leyva.

El marketing es, de todas las disciplinas de negocios, la más difícil de entender. Es el pegamento que integra la producción, distribución, ventas, publicidad, relaciones públicas, promoción y muchas otras actividades en empresas y corporaciones. Sin un consistente programa de marketing, es probable que una empresa vaya en muchas direcciones diferentes a la vez, desperdiciando inmensas cantidades de tiempo y dinero.

Ada nos trae el marketing a tierra. Ella explica en detalle lo que el marketing es, para qué está diseñado, qué hace y cómo se relaciona con las muchas otras funciones en las empresas, que además impactan en los clientes y consumidores.

El marketing ha existido durante muchas décadas. Hay consultores de marketing, revistas de marketing y organizaciones de marketing. Y casi todas las empresas tienen al menos un gerente de marketing. Muchas compañías tienen decenas de directores de marketing.

Pero aquí está la realidad sorprendente. La gran mayoría de las empresas hoy en día tienen declaraciones acerca de su misión y visión, pero muy pocas tienen declaraciones referidas a su posicionamiento, la esencia de todo lo que el marketing es. Es como tener un ejército sin armas.

Así que si quieres conocer el real rol y verdadera función del marketing en el sobrecomunicado mundo de hoy, lee Marketing *en esencia.*

Está especialmente escrito para ti.

PREFACIO

Marketing en esencia es un libro escrito con lenguaje sencillo y claro; su contenido es práctico, útil y muy actual, recomendado para los especialistas en marketing, pero también para profesionales de todas las disciplinas y para el público en general. No es necesario ser profesional ni haber estudiado esta especialidad para disfrutar de los beneficios que nos brinda llevarlo a la práctica.

Será de gran utilidad para quienes quieran posicionar una marca, un producto, un servicio; para quienes lideran la gestión estratégica en sus compañías: gerentes generales, directores; así como también profesionales e independientes en busca de mejorar su posicionamiento en el campo personal, profesional, laboral y empresarial.

Este libro está dirigido, además, a todos los jóvenes que aún no decidieron qué carrera estudiar y a aquellos que poco conocen de esta ciencia y quieran hacer del marketing su profesión. Pero sobre todo es un libro para quienes, independientemente de su edad, la etapa de vida en la que se encuentren transitando, su situación laboral, estudios y preparación, quieran innovar con nuevas herramientas que espero les ayuden a crear su propia fórmula de éxito personal.

Con *Marketing en esencia* confío en contribuir a que el concepto de marketing sea entendido desde su esencia, ayudando a comprender mejor su espacio, su verdadero lugar, su alcance y las posibilidades que nos ofrece para aplicar sus herramientas en diferentes ámbitos: personal, profesional, laboral y empresarial, reubicándolo en el esquema colectivo mental.

En muchos campos, no solo en marketing, se observa la tendencia a pensar que el único mundo que existe es el que conocemos y se hace evidente en nuestra realidad, lo que influye en la interpretación sobre los conceptos que al pasar de boca en boca se generalizan y se desvirtúan. Muchas veces, estos conceptos casi naturalmente se deprecian y luego se nos presentan como única verdad, la que finalmente adoptamos, aceptamos y asumimos, como sucede hoy con el concepto que colectivamente se tiene del marketing en muchas partes del mundo.

Marketing es una palabra que se ha popularizado a tal punto que es usada por la persona común en diversos ámbitos y campos, para diferentes situaciones que la mayoría de las veces no se relacionan con la razón de ser ni con la esencia de esta disciplina.

Algunos hallazgos realizados en mi trayectoria profesional me confirmaron que hay una urgente necesidad de aclarar diversos aspectos sobre este tema.

Como profesora de posgrado, encontré que muchos alumnos, a pesar de haber concluido sus estudios de pregrado, confunden el concepto de marketing con otras especialidades, como publicidad, comunicación, relaciones públicas, ventas... Y ejerciendo la consultoría, comprobé que incluso directivos y gerentes de muchas organizaciones no diferencian estos mismos conceptos en la práctica ni en su rol, y no comprenden ni conocen la función estratégica del marketing para ponerla al servicio de sus marcas y empresas.

Marketing en esencia es una propuesta, resultado de mi experiencia personal e investigación profesional y como docente de posgrado, desarrollando y dictando cursos en esta especialidad, ejerciendo la consultoría empresarial, influenciada por aportes de diversos autores en la materia, *speakers* que me motivaron, vivencias en las que aprendí al interactuar con clientes y con participantes de los diversos cursos dictados. Y, por supuesto, desde mi óptica de cliente exigente, sobre la base de las experiencias que tuve con muchas marcas de productos y servicios.

Abordando uno de los procesos clave del marketing, la *segmentación* y el *posicionamiento* como base conceptual de inicio, se desarrollan por primera vez en esta obra dos nuevos conceptos: *posicionamiento transversal y segmentación relacional*, que nos aportan nuevas herramientas.

Lo que escribo es el producto de mi apreciación sobre conceptos de base que son importantes para mí, y refleja conclusiones derivadas de su aplicación al campo práctico.

Es una síntesis que trato de volcar con una estructura simple que nos lleva de menor a mayor complejidad en el tratamiento de los diversos temas. No es el típico libro que parafrasea durante su desarrollo conceptos, frases y posiciones de diversos autores de la especialidad a lo largo de distintas épocas, salvo puntuales menciones vinculadas directamente a los conceptos que presento.

Escribo desde mis recuerdos, lecturas, experiencias y presentaciones, no con base en la revisión de libros de otros autores; por lo tanto, desde ya me excuso si en el proceso de redacción he omitido involuntariamente alguna mención.

Particularmente creo en la existencia de realidades paralelas y diversas, donde nadie es dueño absoluto de una única verdad. Por eso, lejos estoy de pretender brindarles una fórmula mágica o cuestionar otras maneras de gestionar en este campo, ni de comparar mi propuesta (que no está exenta de posibles errores u omisiones) con las de otros profesionales, autores, *speakers* y gurús en esta especialidad. Sin dejar de llamar a las cosas por su nombre, mi expectativa es compartir mi opinión sobre marketing, tratando de destilar su esencia, democratizando su concepción, para ponerla al alcance de todos y darlo a conocer a quienes lo quieran utilizar de la mejor forma.

UN LIBRO DIRIGIDO A...

Un libro dirigido a quienes quieran posicionar una marca, un producto, un servicio; a quienes lideran la gestión estratégica; a quienes dirigen las empresas –gerentes generales, directores–, así como también a profesionales independientes, *entrepreneurs* y para la persona común.

Marketing en esencia es la herramienta y guía destinada por excelencia para quienes se encuentran en la búsqueda de mejorar su posicionamiento en el campo personal, profesional, laboral y empresarial.

Aporta información novedosa para los profesionales de marketing, investigación, desarrollo, comunicaciones, publicidad, relaciones públicas, psicología, sociología, negocios, administración, economía, ingeniería, medios tradicionales y medios digitales. También resultará de utilidad a directores creativos, gestores de marcas y especialistas en branding.

Es una obra que resultará de particular interés para quienes se preocupan por la imagen corporativa de su organización, ejecutivos de cuentas, jefes de producto, jefes y gerentes de marca, jefes y gerentes de línea, gerentes, directores, CEOS, CMOS y VPS de marketing, y para quienes lideran las áreas de marketing, investigación, desarrollo, comunicación y publicidad, en cualquier tipo de organizaciones.

INTRODUCCIÓN

Marketing en esencia es un libro de marketing con un enfoque nuevo, que desarrolla una rápida revisión de conceptos en torno a procesos clave del marketing –la segmentación y el posicionamiento–, con una mirada original y un enfoque integral que complementa, actualiza, aclara, renueva, simplifica y desarrolla la conceptualización de esta disciplina. Una mirada que resulta de gran utilidad para lograr, en definitiva, un posicionamiento único para cada marca, producto, servicio, persona, empresa u organización.

Propone un interesante y fresco aporte al campo del marketing, que aterriza y lleva a la realidad muy claramente conceptos tradicionales, observándolos, haciéndolos más tangibles en la práctica, y nos conduce a una nueva etapa de contenidos evolucionados para aplicarlos –a través de diversas herramientas– al campo personal, profesional, laboral y empresarial.

Presenta, a su vez, una metodología que integra aspectos teóricos y prácticos y que sirve como base conceptual para luego desarrollar dos novedosos conceptos:

Posicionamiento transversal. Se trata de un concepto propuesto para vincular la actividad de marketing con las demás áreas de la empresa, transversalmente, y lograr así la necesaria coherencia en la identidad de marca interna y la imagen externa. Aproxima el renovado concepto de posicionamiento a los diversos *ámbitos* y *áreas de la empresa*, a fin de hacer más tangible su significado para los clientes, tanto internos como externos, de la organización.

Segmentación relacional. Otro concepto nuevo que se propone aquí. Consiste en denominar a los grupos de clientes (segmentos, *targets*, nichos, mercados meta, grupo objetivo) con *etiquetas personalizadas*. Dichos clientes llevan nombres que los representan, que consideran y *verbalizan su esencia*, dándoles una dimensión más concreta y real de acuerdo con el tipo de relación que cada persona, empresa u organización tiene con sus diferentes grupos de clientes. Para así entender y denominarlos de manera más auténtica y única de acuerdo con el sector, rubro o categoría donde participan.

Ambos conceptos contribuyen al desarrollo de estrategias que permiten lograr un óptimo desempeño en el uso y la aplicación del marketing.

Marketing en esencia nos da a conocer de manera concreta lo que el marketing puede aportarle a una empresa, organización o emprendimiento, al profesional y a la persona común. Acerca una nueva perspectiva para quienes busquen un libro novedoso de marketing, por los temas que aborda y por la forma de desarrollarlos, que integra conceptos, concilia términos, explica el rol de esta disciplina, resuelve dudas sobre temas de su campo de acción, nos habla sobre el rol y competencia de sus profesionales, precisando diferencias con otras especialidades con las que se confunde el marketing, destilando su esencia.

Aporta información depurada relativa a cada tema, en una estructura muy fácil de asimilar –de siete partes–, por medio de la cual se explica, con la filosofía de "menos es más" y "simple es mejor", cada uno de los conceptos abordados.

La "Primera parte" nos abre el panorama del marketing, reflexionando en torno a su concepción y su alcance, precisando al definir lo que es y lo que no, lo que le compete y lo que no, y las posibilidades que ofrece. La "Segunda parte" nos habla del campo de acción del marketing, y las razones para entender su actuación entre la mente y el corazón. La "Tercera parte" nos presenta los conceptos de base necesarios para poder entrar en materia. La "Cuarta parte" desarrolla y destila la esencia del marketing, y describe el proceso para posicionar una marca. La "Quinta parte" nos presenta el novedoso tema del "posicionamiento transversal", y la "Sexta parte hace lo propio con la "segmentación relacional". Finalmente, en la "Séptima parte" se responde a la pregunta de cómo aplicar el renovado concepto de posicionamiento a la *marca personal*.

PRIMERA PARTE

REFLEXIONES EN TORNO
AL MARKETING

.

¿Todo es marketing?

El marketing es una de las pocas ciencias que, independientemente de la edad que tengamos y la profesión o actividad en la que nos desempeñemos, si aplicamos correctamente sus principios puede brindarnos grandes beneficios personales, profesionales, laborales y empresariales.

Observo con mucha frecuencia que el término marketing se emplea para hacer referencia a actividades aisladas, relacionadas con la promoción, los descuentos, la publicidad, las relaciones públicas, los eventos y hasta las ventas. Esta utilización del término se ha difundido y se extiende actualmente a diversas regiones del mundo, con mayor énfasis en América del Sur y Centroamérica en diversos sectores y profesiones, y entre las personas en general. Por lo que es imprescindible precisar que:

Marketing es **marketing**
Marketing no es **publicidad**
Marketing no es **comunicación**
Marketing no es **relaciones públicas**
Marketing no es **ventas**
Marketing no es **promoción**
…Y el **branding** es solo una fracción del **marketing.**

Cada una de estas disciplinas tiene su concepto propio que la define, un diferente alcance y un marco específico de acción, que difícilmente pueden desplegarse con éxito si no hemos desarrollado primero importantes conceptos de marketing aplicados a la marca en cuestión.

El marketing se sirve de cada una de estas disciplinas para lograr sus metas. Visto así, el marketing *viene primero* y es el *eje integrador*. Su acción coordinada con el resto de las especialidades es una poderosa arma para toda empresa.

El accionar de estas especialidades, sus funciones y roles, son parte de un espacio aún poco definido y algo confuso, por donde además transitan todas las empresas y las organizaciones que brindan diversos servicios vinculados con estas especialidades, como agencias y consultoras de investigación, de publicidad, de comunicación, de medios, entre otras. Estas nos ofrecen una variedad de respetables propuestas, desde encontrar los *insights* para desarrollar una comunicación, estrategias e innovación, recrear experiencias, valorizar nuestra marca, hasta proveer alta dosis de creatividad, diseños, entre muchas otras posibilidades.

Desde sus variados enfoques –psicológico, publicitario, comunicacional, de diseño, de creatividad, de innovación, etc.–, estas profesiones y especialidades en muchos casos incursionan en temas que son exclusiva competencia del marketing, surgiendo así las interpretaciones erróneas que distorsionan su campo de acción y especificidad.

El marketing puede ser de utilidad para todos, pero no todo lo que vemos y escuchamos en los medios necesariamente tiene que ver con el verdadero concepto de marketing.

No todo lo que se nos ocurra y toda nueva moda está relacionada con el marketing, aunque su acción puede estar muy vinculada a esta área de la empresa por los variados temas que gestiona.

Por eso, se atribuyen al marketing funciones que no están en su campo de gestión directa, aunque se sirva de ellas, al coordinar ciertas actividades que concretan, liberan y tangibilizan la estrategia mediante acciones, para lograr conectarse con el cliente/consumidor por medio de la comunicación, la publicidad en diversos medios, las relaciones públicas, la realización de eventos… Campos que gestionan otros profesionales en el interior de la empresa, posiblemente en otras áreas cercanas (lo que dependerá del organigrama particular de cada organización), y/o externamente, mediante diversos proveedores de servicios; agencias y consultoras que se dedican a variadas especialidades.

Sin ser netamente su campo directo, la función de marketing interactúa permanentemente con estas empresas proveedoras de servicios, pues debe velar por que se lleve adelante la estrategia, cuidando la identidad y el posicionamiento de la marca en todo el proceso.

El desconocimiento de su significado, rol y razón de ser ha hecho que el concepto "marketing" se popularice de manera imprecisa, al punto que muchas veces la disciplina pierda credibilidad, al identificársela con las más diversas expresiones, nuevas ideas, pensamientos, enfoques, estudios, mezclas y fusiones con otras especialidades, profesiones y ciencias.

Y es que hoy, muchas veces, parece esperarse que el marketing cumpla un rol omnipotente, de súper héroe, que albergue y cobije todo lo que no tiene un claro espacio y cuya actividad solo pareciera estar vinculada a su función.

El marketing, además, lleva consigo una enorme y pesada maleta de términos asociados y modas de diversas épocas: marketing directo, telemarketing, marketing de productos, marketing de servicios, endomarketing, marketing social, *street* marketing, eco-marketing, e-marketing, marketing digital, internet marketing, geomarketing, marketing relacional, marketing sensorial, *insight* marketing, social marketing, neuromarketing, marketing holístico, entre muchas otras expresiones.

Algunas de estas denominaciones surgen como producto de una auténtica tendencia: nuevas tecnologías, innovación, un nuevo medio de comunicación, un nuevo canal de ventas que requiere su propio "paquete" de elementos asociados –nueva terminología, nuevas reglas, nuevos conocimientos, nuevos y distintos profesionales–. Como parte del avance de esa especialidad, tendremos que incorporarla dentro de marketing como tal. Pero otras denominaciones pretenden iniciar una moda al sumar la palabra "marketing" y ponerla como bandera, para simplemente identificarse y declararse como tendencia.

Es diferente crear un nuevo concepto, método, técnica, estrategia, herramienta, etc. bajo el campo de acción y principios del marketing, que inventar una moda, imponer una tendencia y, por no encontrarle una categoría para ubicarla, un espacio para posicionarla y una especialidad bajo la cual denominarla, darle el único apellido que parece funcionar para todo: *marketing*.

Hoy en día los clientes cambiaron, están sobreinformados, sobrecomunicados e hiperconectados; no quieren ser tratados más como objetos de una operación de compra y venta; se dan cuenta inmediatamente si lo único que nos interesa es venderles más.

La pregunta aquí es: ¿y qué tiene de malo vender más? La respuesta es: nada, siempre y cuando el cliente reciba productos y servicios de calidad y valor, reconocidos así por él, y que la empresa (marca) que se los brinde lo haga con un objetivo superior: contribuir al desempeño y bienestar del cliente. Con esta misma perspectiva, también los mensajes, la comunicación y la publicidad deben transmitir los verdaderos atributos y beneficios de la marca de la manera más objetiva y clara posible, sin exageraciones, engaños u omisiones, tratando de satisfacer una necesidad real, con la autenticidad de un producto o servicio también real, que cumpla tanto con la expectativa del cliente como con la promesa y propuesta ofrecida como marca por la empresa que la vende.

Al conocer los principios y las bases sobre los cuales se asienta el marketing, podremos reaccionar rápidamente ante cualquier anomalía y evitaremos así los principales problemas que se dan en el mercado en relación a los competidores y los clientes, como la pérdida o desconocimiento de nuestra identidad, el desposicionamiento de nuestra marca, la baja percepción de valor recibido y percibido por el cliente, etc., que perjudican nuestra imagen, generando problemas de comunicación, desmotivación y alta rotación del personal, así como la alta volatilidad de clientes, que implica a su vez dificultades para lograr los objetivos y los resultados de venta, entre otros problemas.

Marketing – Concepto

Marketing es un término del inglés, que se traduce en español como mercadeo o mercadotecnia. El lector encontrará que en diversas fuentes (Wikipedia, diccionarios oficiales, organizaciones vinculadas a la práctica y enseñanza de marketing, webs, blogs) se le atribuyen al término diversas definiciones –generalmente desarrolladas por los expertos en la materia, como AMA (American Marketing Association), Phillip Kotler, Al Ries, gurués de esta especialidad y otros opinólogos de esta época y apasionados del tema–, que se complementan.

Cada uno lo define a partir de su particular concepción y experiencia, desde las cuales ven el actuar del marketing, pero en resumen podemos decir que es correcto definirlo como: una disciplina, una especialización, profesión, un área funcional de la empresa, ciencia, arte, campo de estudio, un conjunto de herramientas, una actividad, suma de procesos (para algunos, administrativos; para otros, más sociales), un medio, pieza estratégica de la empresa, que define el actuar táctico y operativo... Su actuar se centra en el cliente, es el *pegamento* que todo lo integra.

Para mí, además, el marketing es estrategia, es enfocarse, es *integración*, es *compromiso*, rescata lo auténtico, es conquista. El marketing **defiende la esencia de la marca**.

Y así como las diversas fuentes no se han puesto de acuerdo en la definición de la disciplina, también varía su actuación, participación, límites y alcance en la aplicación práctica, asignándole diversos roles y funciones como: investigación del mercado, cuantificación de la potencialidad del mismo, identificar necesidades y deseos de los clientes, la planificación estratégica, definir el público objetivo, desarrollar estrategias, crear productos, servicios, definir segmentos, desarrollar marcas, decidir qué atributos y beneficios generan valor al consumidor, y definir los elementos del ADN de marca, crear su identidad, construir su posicionamiento, entregar la promesa, recrear la experiencia, velar por la imagen, precisar el mensaje a comunicar, promover los productos y servicios, educar, construir y mantener relaciones con los clientes, asumir la experiencia de 360 grados del cliente desde el inicio hasta el fin, medir, retroalimentar.

Así como también intervenir y coordinar en la gestión de los canales y puntos de intercambio de los productos, servicios, y los medios, la comunicación, la publicidad, las relaciones públicas, facilitando las ventas (que no significa hacer la labor de ventas que consiste en "vender") y contribuyendo a los resultados.

El marketing es la suma de muchas partes, que se integran cada vez más, como piezas de un rompecabezas, al tener un actuar transversal en la empresa, que afecta a las diversas áreas –y se retroalimenta de ellas–, y que debe gestionar una doble vía: por un lado, recoger permanentemente el requerimiento del cliente, desde afuera, así como mantener y actualizar la identidad de marca, desde adentro.

¿Está de moda o pasó de moda?

Hablar de *moda* es referirse a elecciones realizadas en función de criterios subjetivos que se asocian al gusto colectivo. Se define como aquellas tendencias en masa que la gente adopta. Se aplica para diversas categorías, ya sea ropa, accesorios, estilos de vida y maneras de comportarse, que marcan o modifican la conducta de una persona.

Dicho lo anterior, el marketing es y seguirá siendo marketing, no pasó ni pasará de moda, no murió ni morirá. Se trata de una ciencia, que más allá de lo convencional y lo nuevo que surja, será siempre la especialidad y la profesión que "se centra en la satisfacción del cliente", en el amplio sentido de la expresión: relacionado tanto con el *cliente interno de la organización* (empleados, personal de la empresa, colaboradores), como con el *cliente externo* (clientes, usuarios, consumidores). En definitiva, se centra en las personas, que deben ser el foco principal de atención de toda organización.

El marketing no es una moda, no es algo que al pasar el tiempo tengamos que renovar con una nueva colección de términos, palabras y conceptos para la nueva temporada y poder así seguir en vigencia.

No es un concepto descartable, ni es un accesorio; mucho menos es una práctica de la que podamos prescindir, pues el enfoque que brinda es la base que nos da el conocimiento que necesitamos acerca de nuestros clientes, competencia, mercado, sobre nuestros productos y servicios; nos da el enfoque para entender cada vez mejor a los consumidores y volvernos cada vez más eficientes, satisfaciendo sus necesidades, requerimientos y exigencias.

Entendamos su campo de acción antes de decir que pasó de moda… No podemos decirle adiós, al igual que a las funciones de gestión de recursos humanos o del talento, las finanzas, la logística, etc.

Todavía se sigue mirando al marketing como función que se desarrolla exclusivamente desde el interior de la empresa (es decir, lo que como organización pienso o creo del cliente, sobre la base de escenarios preestablecidos por la dirección de la empresa). Se desconoce así su imprescindible relación hacia fuera, con el cliente, y su función de *filtro* que tamiza y analiza todo aquel conocimiento del mercado que nos permitirá continuar tomando mejores decisiones sobre la base de información actualizada de nuestros actuales y potenciales consumidores, quienes con el tiempo cambian, evolucionan y se vuelven cada vez más sofisticados y complejos.

La corriente de pensamiento que propone "jubilar" prontamente al marketing la integran quienes poco o nada conocen de su rol.

Porque tiene un papel sumamente dinámico, el marketing es una de las áreas funcionales que resultan más afectadas por las nuevas tendencias (auténticas), la innovación, los avances tecnológicos, la tecnología aplicada a nuevos medios y canales de comunicación y distribución; incide directamente en la disciplina, ya que afecta al cliente y consumidor, que es uno de los principales focos de atención del marketing.

Ante esta natural evolución, surgen nuevos medios y canales, por lo que el marketing debe incorporar rápidamente nuevos conceptos, terminología, reglas, conocimientos que le permitan acompañar la evolución del mercado.

Y me refiero a incorporar, a sumar, no a reemplazar lo antiguo con lo nuevo. La expresión "marketing tradicional" ya no debería ser utilizada; más allá de hacer referencia a los tiempos previos al ingreso de los medios digitales interactivos y las redes sociales, su uso habitual desconoce todo lo nuevo incorporado e integrado a la disciplina.

En este campo es curioso ver que se da el fenómeno de inventar nombres que inicien con "marke" o terminen en "ting", fusionarlos con otras especialidades y casi mutar con la necesidad de redescubrir nuevos giros. No ocurre con las demás áreas funcionales de la empresa. No oímos hablar de eco-administración ni de eco-finanzas; mucho menos de social logística o social TI, por poner dos ejemplos al azar.

Es generalmente en marketing donde se da una especie de carrera por desarrollar un nombre más impactante y novedoso de manera continua; y realmente parece ser una clara tendencia que nos hace reflexionar sobre la necesidad de aplicar realmente el marketing a nuevos campos y, en la empresa, de manera *transversal,* lo que propone claramente el concepto de *posicionamiento transversal* que se desarrolla más adelante, al pasar del enfoque conceptual a la aplicación práctica, en el Capítulo 4. Allí se proponen acciones concretas que contribuyen a tangibilizar e implementar transversalmente el marketing en cada área de la empresa, lo que tenderá a generar nuevas y mejores relaciones con los clientes.

"Se *marketea* bien"

Seguramente, en algunos entornos han escuchado la expresión "se *marketea* bien", en referencia a una persona, un profesional o una empresa que sabe "venderse bien" en su entorno. Esta expresión está más asociada a la habilidad de venderse que al uso del marketing en sí.

Esta expresión ha derivado a la palabra "marketearse", (usada en algunos países) distorsionando el concepto, que ha desorientado a las personas y las ha alejado de la cabal comprensión del marketing, al ser utilizada para designar actividades que connotan "aparentar para vender".

Es parte de la jerga acuñada desde el consciente o inconsciente colectivo, que la ha popularizado, usada incluso en frases de algunos escritores, *speakers* y gurús en este campo, así como los de otras especialidades, también conductores y presentadores de programas de televisión, radio, webs, blogs y medios en general, hasta artistas, políticos y personas de diversos campos.

La mayoría de las veces que escuché esta expresión fue en contextos que sugerían con claridad que hacer marketing es decir *lo que sea necesario* para lograr el objetivo de venta, aunque lo que se diga no sea del todo cierto o una completa falsedad. Es decir, una interpretación negativa del marketing, o un marketing mal entendido, que sugiere que exagerar un poco, y hasta mentir, es parte de su función.

Quizás algunas malas prácticas empresariales y de marketing hayan contribuido a esta idea equivocada. Pero más allá de esto, vemos que el alcance de esta palabra se ha extendido erróneamente a la vida cotidiana, relacionada con el comportamiento de las personas, con el marketing personal –mal entendido también–, como vía de conseguir lo que se quiere de manera hasta engañosa, desde una entrevista de trabajo, un ascenso, un negocio o una pareja. Para todos los casos, se considera que la persona representa un papel, proyecta la imagen que aparentemente *enganchaba*, dijo lo que el potencial *cliente* quería escuchar. Como si se pensara que "marketearse" consiste en ponerse en la vitrina, exagerar algún atributo, disfrazarse para mostrar, en cada caso, una realidad que es solo aparente. Esa, no la concepción de marketing, en todo caso, es definitivamente, una *mala práctica* de marketing.

Las malas prácticas nos decepcionan y se dan en esta disciplina como en cualquier otra profesión, desde un abogado inescrupuloso que le da la vuelta a una situación para lograr que lo que no es correcto se sitúe dentro del contexto legal, o un contador que presenta números que cuadran en apariencia, pero en la realidad encubren una mala gestión… Son malas prácticas y no características intrínsecas de la profesión.

¿Neuroqué?

Hace un tiempo tuve la oportunidad de participar de una conferencia que presentaba un tema interesante, que parecía desarrollar información novedosa que vinculaba el campo de las neurociencias con el marketing. Escuché atentamente hasta que el expositor sugirió que el posicionamiento de la marca perdía relevancia frente a la reveladora información que presentaba el *neuromarketing* (refiriéndose a la fusión entre neurociencias y marketing), el cual, por medio del análisis de la actividad cerebral y manifestaciones físicas y biológicas de un número reducido de consumidores estudiados (una muestra) en una misma categoría de productos o servicios, expuestos a una sofisticada máquina de resonancia magnética, permitiría indagar sobre la real percepción de un producto. El expositor aseguraba que esta técnica permitiría develar casi mágicamente la razón más allá del *insight*: el factor, el estímulo real hallado en el subconsciente, que motivaría al grupo de consumidores evaluados de un segmento particular, lo que nos brindaría los argumentos (imágenes y mensajes) que deberían usarse en los diseños de las piezas de publicidad, en las campañas publicitarias, en la comunicación y demás, para lograr mejores resultados.

Cuando hicimos una pausa para tomar un café, con entusiasmo un participante me comentó que se preocuparía menos de posicionarse y se concentraría en la nueva información para publicitar su marca.

Un posible error: esta nueva información supuestamente descubierta, estaría siendo utilizada para publicitar ideas que en apariencia tienen mayor probabilidad de llegar mejor a ciertos segmentos, pero que no necesariamente son válidas para incorporarlas como parte del concepto permanente de la marca ni de su promesa, su posicionamiento, que debería ser lo primero a considerar y a cuidar.

Mi preocupación es que la motivación de usar estas técnicas sea: conocer qué debo decirle al consumidor y cómo debo presentarme para convencerlo y venderle mejor, para lograr un efecto inmediato en las campañas, y no para lograr una auténtica identidad de marca alineada con la misión, la visión, el posicionamiento, la promesa de marca, que se identifique con el consumidor.

Hay que tomar en cuenta que el estudio en *neurociencias* (hay que llamar a las cosas por su nombre, no veo la necesidad de agregarle "marketing" para que sea más vendedor) se aplica a una muestra de la misma manera que se hace con los estudios de investigación convencionales, y por esta muestra se infiere que todo el grupo de consumidores reaccionará de la misma manera por pertenecer al mismo segmento; por ejemplo: ser hombre o mujer de cierta generación, tener una nacionalidad particular, ser latino, europeo, asiático, norteamericano o consumidor de tal o cual categoría y/o marca en particular, etc.

Por otro lado, ¿a cuántos individuos se debe aplicar este tipo de estudio para que la muestra sea representativa, y cuál es el criterio de selección de los participantes de estas muestras? Y más allá de que me preocupa el carácter invasivo de esta propuesta (en lo personal, considero que es invasiva de la intimidad física, psicológica y emocional de los individuos) pues la manera de obtener la información consiste en someter a la persona en estudio a una prueba física de resonancia magnética y registrar las respuestas subconscientes (sin que ella sepa que las estamos obteniendo), lo cierto es que, además, el costo de este tipo de estudios es sustancialmente más alto que los convencionales; por eso hay que preguntarse, también: ¿la información que nos aporta es lo suficientemente contundente y válida como para justificar la inclusión de estos estudios en los presupuestos de investigación?

Todos los estudios, los tradicionales y los nuevos, se aplican en un momento dado, bajo ciertas circunstancias actuales de vida de las personas que forman parte de ese segmento consumidor, y por más inconsciente y arraigado que sea el aspecto descubierto, hay factores en el ser humano que no controlamos y que seguramente van a variar; los segmentos no son permanentes, se modifican, evolucionan, tal cual lo hacen las personas con el transcurso del tiempo.

Estoy totalmente de acuerdo con que necesitamos métodos más científicos para entender lo que el consumidor piensa y quiere, y en este sentido las neurociencias podrían aportar mucho (con procedimientos y técnicas más abiertas, transparentes y no invasivas), complementando lo que no nos dicen los tradicionales estudios de investigación (encuestas, focus groups, etc.). Pero debemos saber que estas técnicas sirven en la medida en que se complementen; en este campo no hay fórmulas mágicas que nos revelen milagrosamente una única y eterna verdad.

Modas en el campo del marketing hay muchas. Quienes se abocan solo a acciones novedosas, pensando en la inmediatez, desconocen (o prefieren voluntariamente ignorar) la acción profunda y constante del marketing, poniendo en riesgo los resultados de la empresa.

Si nos dejamos seducir únicamente por las modas, dejando de lado las bases del marketing, que nos aseguran tener una buena estrategia y una exitosa gestión, podemos caer en grandes errores. Este camino llevará a las empresas, en poco tiempo, a tener muy poca probabilidad de ganar una mínima lealtad de sus clientes, y les costará cada vez más esfuerzo, tiempo y recursos lograr los resultados de venta buscados.

> **Creemos relaciones sinceras
> con nuestros clientes.**

Los *Millennium Teens*

Creo que hoy las empresas no están preparadas para atender las demandas de las nuevas generaciones de consumidores, cada vez más jóvenes, informadas, intercomunicadas, inteligentes, diversas, individuales, exigentes, autosuficientes, para quienes la inmediatez es parte de su estilo de vida, es su estándar.

Se habla mucho, desde hace ya un tiempo, de una joven generación denominada *Millennials*, expresión empleada para referirse a aquellos nacidos poco antes (y poco después) del año 2000, los nativos digitales por naturaleza, a quienes el *boom* de diversos avances tecnológicos como internet y los dispositivos móviles les resulta natural, y a quienes se les atribuyen las características mencionadas en el párrafo anterior.

Pero hoy ya existe una nueva generación de jóvenes adolescentes *post milennium,* quienes desde mi concepción tienen esas mismas características, que viven permanentemente "conectados", experimentando día a día lo que internet, los *apps,* nuevos juegos y toda nueva red social les brindan, abriéndoles nuevas posibilidades para interactuar, crear y destacarse. Pero, sobre todo, presentan incredulidad ante las propuestas de las marcas y lo que les ofrecen como clientes, a través de tradicionales medios de comunicación y campañas de publicidad, por lo cual enfrentamos al grupo más nuevo de consumidores que el marketing debería empezar a estudiar en profundidad.

El fin

Sin olvidar que las empresas viven de las ventas y que uno de sus principales fines es, justamente, vender, esto no justifica que se haga de cualquier manera. Las ventas deben ser consistentes, honestas, transparentes, para generar credibilidad en la empresa, en la marca, en la persona que vende, sin lo cual no se establece la necesaria relación de confianza con los clientes.

Los consumidores no quieren tener que pagar ni comprar de más, se dan cuenta cuando una empresa o marca solo tiene el afán de lucrar, centrándose únicamente en la relación comercial. En mi concepción, las modas pocas veces nacen solas, como resultado de un movimiento, creencia, que refleje autenticidad, que se plasma en un estilo que es adoptado de manera espontánea por el grupo. Por lo general, se crean para generar una mayor demanda y elevar los picos de ventas en momentos precisos, no importa si hablamos de vestimenta, zapatos, computadoras, autos o libros; funciona igual para todas las industrias: es un negocio, es comercial.

El fin fundamental de la empresa debe ser *satisfacer las necesidades de los clientes,* haciéndoles el bien al aportarles *beneficios reales* mediante el producto y/o el servicio que produce y brinda; con beneficios que incluyen la utilización de insumos de buena calidad, así como asumir –en el proceso de realización y comercialización– todos los cuidados y la seguridad necesarios para no afectar ni poner en riesgo la salud, la seguridad, la integridad y la vida de los consumidores, así como tomar las previsiones y cuidados necesarios para no afectar el medio ambiente.

Al satisfacer las necesidades de los clientes de maneras más eficientes que las demás compañías competidoras, se generará la confianza y luego la preferencia del cliente por la marca del producto y/o servicio, y de la empresa misma. Como consecuencia, de manera natural se lograrán las ventas buscadas, los resultados esperados… y la rentabilidad.

¿Su empresa tiene *misión* y *visión*? "Sí". ¿Tiene *declaración de posicionamiento*? "No"

Esta es la respuesta que nos dio el 95% de las empresas encuestadas en el sondeo que realizamos en AGL Consultoría durante 2014; y no fue de extrañar, pues la *declaración de posicionamiento* requiere de un gran esfuerzo, mucho trabajo, e indefectiblemente debe llevarse a la práctica y no solo representar un enunciado volcado en una hoja de papel.

Más allá de las razones por las que no se utiliza como estrategia en muchas empresas, hoy, dada la gran competencia que encontramos en todos los sectores y categorías de productos y servicios, se observa su real necesidad, por su valioso aporte como *conductor y tangibilizador* de la propuesta de *valor* que la empresa brinda al cliente.

Una declaración de posicionamiento se redacta como una frase que transmite y comunica con brevedad lo que hacemos, el problema que resolvemos, la urgencia que atendemos, la necesidad que satisfacemos, el requerimiento que cumplimos de manera *única y diferente* para nuestro grupo de clientes.

Cuando **articulamos en forma estratégica las palabras** que están asociadas a nuestra marca, esta acción nos enfoca, sitúa, enmarca, delimita, nos abre un lugar, defiende nuestra posición aspirada, nos da ventaja, nos aporta valor y diferenciación frente a nuestros competidores, nos da las herramientas para conectar mejor con los clientes.

Es sin duda lo que nos da ese *argumento* que facilitará las ventas en la empresa y la razón de peso que encontrará el cliente para optar por nuestros productos y/o servicios, y es la base sobre la cual deberán desarrollarse los mensajes, la comunicación (interna y externa), las campañas y la publicidad en general de la compañía; nunca al revés.

Responsabilidad social empresaria

Hoy la *responsabilidad social empresaria* (RSE) no es más una función de un área determinada de la organización. Debe ser entendida como un compromiso empresarial total y permanente, con independencia de la actividad que la empresa desarrolle, y no solo atribuible a organizaciones no lucrativas y de caridad.

Es limitante restringir el enfoque de la RSE a indicadores de gestión y utilizarla solo como herramienta de campañas (que muchas veces poco o nada tienen que ver con el *core business* de la empresa), para influir en la opinión de la gente y mejorar la imagen de la compañía.

La voluntad de hacer bien las cosas y la gestión de la RSE debe partir del accionista y de la alta dirección; en el ámbito interno, debe expresarse en cada área, aportando su cuota de RSE desde su función, y externamente la empresa debe dimensionar el alcance de su gestión social.

La labor empresarial hoy implica asumir una verdadera responsabilidad y compromiso ante los consumidores, lo que debe demostrarse con acciones concretas, produciendo productos y brindando servicios útiles y de calidad, cuidando la integridad y salud de los clientes, velando por el desarrollo de los empleados y el cuidado de sus familias, procurando condiciones de trabajo dignas y justas, seleccionando y estableciendo relaciones con proveedores y *stakeholders* que compartan nuestros valores y principios, cuidando proactivamente el medio ambiente, eliminando los posibles impactos negativos que causa la operación de la empresa en la sociedad. Se trata de actuar dentro de un marco ético y legal, y de respetar las costumbres de cada comunidad, para lograr así, por las buenas prácticas desarrolladas, una identidad que se viva tanto al interior como al exterior de la empresa, una imagen valorada y una buena reputación que traerán los resultados esperados.

Marketing o Ventas

Al entrar al campo y analizar las prácticas en diferentes empresas de diversos sectores en distintos continentes, se observa una interpretación muy variada del concepto y uso del marketing en las empresas. En América Latina, muchos directores y gerentes generales, aun en estos tiempos, piensan que el área de Marketing es de *Ventas*. Encontramos profesionales que trabajan en áreas de Marketing pero su labor es vender porque en sus empresas así lo conciben.

Me comentan alumnos de los cursos que dicto en posgrado, muchos de ellos ejecutivos a cargo de la jefatura de marketing de la empresa donde trabajan, que les cuesta sustentar argumentalmente su actividad en los comités, por dos razones principales. La primera tiene que ver con la dificultad en algunas empresas para delimitar las funciones, el rol o papel como profesional, las actividades que deben realizar, relegando muchas veces su actuar a temas poco relevantes. Es común escuchar frases como: "…Y del diseño del folleto y la organización del evento se encarga Marketing", como si se pensara que eso es lo único que esta función puede aportar. La segunda razón se origina en que, al tener tanta vinculación con todas las áreas de la empresa "transversalmente", a Marketing hay muchas cosas que le compete liderar, coordinar, lo que no significa que deba ser el ejecutor de esas actividades, pero muchas veces la expectativa de las demás áreas parece ser otra: al pensar que el área tiene afinidad con esas tareas, le son asignadas, recargando al área.

Sucede además que hay muchos temas que trata marketing como especialidad, tantos como cada etapa de sus diversos procesos que generan subespecializaciones que abarcan aspectos tales como: la investigación de mercados, el procesamiento y análisis de información cuantitativa y cualitativa del mercado, del producto o servicio, y de los competidores, así como el estudio de los consumidores, perfiles de clientes, sus necesidades; cuestiones sobre el desarrollo de productos o servicios, su concepto, la identidad, la gestión de la marca corporativa y/o de las marcas de productos o servicios, sus atributos y beneficios, elementos diferenciales, el posicionamiento *estratégico de la marca*, el Plan de Marketing integral (estratégico y operativo, la definición de objetivos, la estrategia, el cronograma de actividades, recursos y su presupuesto, el control, los indicadores), lanzamientos, relanzamientos, *trade-marketing* y gestión de la marca *en el canal* y punto de venta, campañas, la gestión del CRM (gestión de relaciones con el cliente); coordinar con otras áreas para la gestión de las relaciones públicas, la comunicación y la publicidad… entre muchos temas más.

No necesariamente un profesional de marketing tendrá el conocimiento y experiencia necesarios para desarrollar, por ejemplo: el proyecto de CRM (Customer Relationship Management) y saber generar, construir, estructurar y sintetizar los contenidos internos que se requieren previo al desarrollo de las bases de datos (criterios de segmentación de clientes, definición de nuevas etiquetas, cálculo del valor de clientes de la cartera, tratamiento diferenciado por segmento, nuevas políticas para el CRM, estrategias de fidelización) o desarrollar un plan de medios digitales y sociales, sin recurrir a un especialista externo, también de marketing, pero enfocado en este tema.

Y es que muchas veces no se le da su espacio y lugar a esta clase de especializaciones, y así las funciones de marketing en las empresas son reducidas algunas veces al diseño publicitario, la promoción, la papelería, los eventos…

Aún encontramos en algunas empresas una situación de incomprensión entre ambas áreas, Marketing y Ventas, la cual se evitaría con una definición clara de los roles que a cada una le corresponden. Ambas funciones son necesarias para la organización, así como la información que debería fluir entre ambas áreas. Debería establecerse más bien un círculo virtuoso y no un círculo de conflicto.

Es mucho más fácil para el área de Ventas –cuya misión es vender– actuar sobre la base de una estrategia, inteligentemente, con una segmentación estudiada, con un previo y mejor conocimiento del cliente al que se va a atender, con el camino alisado por Marketing mediante productos y servicios adaptados, adecuados y hasta personalizados, para que no sea una labor de venta dura, a la antigua, que demanda mucho tiempo, recursos y esfuerzo.

La presión negativa e infructífera por obtener los resultados de Ventas en diversos sectores que propicia la práctica de la venta *a lo bruto*, en frío, con estoica perseverancia e insistencia, se relaciona con una modalidad que debería quedar en el pasado, porque desgasta a las personas del equipo de ventas, a la empresa, agotando sus recursos y a la marca que representan, saturando a los clientes.

La modalidad que se adapta al tiempo actual es conectarnos con el cliente, quien apreciará un trabajo integrado de la empresa al entenderlo mejor y satisfacer más eficientemente sus requerimientos, necesidades, deseos y expectativas.

Por otro lado, es mucho mejor para Marketing obtener y actualizar la información del mercado y de los clientes, de boca de quienes tienen el contacto directo con ellos, el área de Ventas o Servicio al Cliente, entre otros, y capitalizar toda la experiencia del proceso de ventas, para su siguiente formulación estratégica, de acuerdo con los cambios del mercado y la competencia, con lo cual desarrollará nuevamente las herramientas para facilitar la gestión de ventas.

Al considerar el rol que muchas veces tiene Marketing –y que tan frecuentemente se le confieran cuestiones relativas a la publicidad, la comunicación y hasta la venta, olvidando su esencia estratégica–, encontraremos las razones de la pérdida de mercado y de la pobre preferencia de los consumidores de diversas marcas, empresas y organizaciones por errores de esta naturaleza.

En este contexto, hay una gran cantidad de esfuerzo, tiempo y dinero que las empresas pueden ahorrar o destinar a causas que les aporten verdadero valor, optimizando recursos, con el enfoque, las estrategias y las herramientas de marketing.

En este punto radica una de las principales razones de la importancia de conocer de manera concreta lo que el marketing puede aportarle a la empresa, a la organización, al profesional, al colaborador y al cliente, así como a la persona común. Y esto a su vez tiene relación con la necesidad de entender la diferencia con otras especializaciones, profesiones y áreas, con las cuales se lo confunde, aunque la interacción con ellas sea parte de su función.

Tiempos confusos

Una constante de este tiempo es que vivimos en un mundo cada vez más competitivo, donde prima el afán comercial, tanto a nivel personal como en el plano profesional y empresarial, donde la competencia por llegar, estar, ser y mantenerse primero, así como obtener resultados únicamente económicos, nos quita esencia, diferenciación, personalización, haciendo que se pierda la perspectiva del verdadero valor de las cosas, en las personas y en las organizaciones.

En este contexto, hoy los universitarios recién graduados, optan cada vez más por hacer un MBA (maestría en administración de negocios) o estudios de posgrado, contando con muy poca experiencia laboral. Estos jóvenes profesionales muchas veces ya tienen a su cargo el desarrollo de marketing de la empresa que los contrató, pero sucede que en demasiadas oportunidades hasta el máximo directivo de su empresa desconoce el alcance de este rol como para empoderar a quien lo realice y de esta manera desarrolle con éxito su gestión.

Si combinamos el afán desmedido de lucro comercial de algunas organizaciones con la inexperiencia y el desconocimiento del rol de marketing en general de los profesionales jóvenes y de los directivos de las empresas, es previsible que las organizaciones y sus marcas podrían recorrer un camino de fracasos en el intento de establecer alguna relación con sus clientes. Las empresas no lograrán nada más allá del objetivo cortoplacista de llegar (con suerte) a los números esperados de cualquier forma, a cualquier precio, y cada vez será más difícil alcanzar las cifras previstas, si el enfoque no se centra en el cliente. Y aclaro que este enfoque en el cliente debe concretarse de una manera práctica, ser aplicado, y no limitarse a un enunciado teórico expresado en una hoja de papel, vitrina o sitio web de la empresa.

Por su lado, los clientes de las empresas que no opten por este tipo de enfoque serán cada vez más "aves de paso" incapaces de identificar diferencia alguna entre las marcas de estas compañías –si todas parecen lo mismo, independientemente de quién les ofrece el menor precio.

Estándares de marca

Un tema importante es lo que entendemos por *estándar de marca*, en el ámbito de las marcas locales pero, especialmente, de las globales.

La palabra estándar por lo general se asocia a las áreas de producción, donde se realiza la fabricación del producto, pero tiene un significado más amplio, que va más allá de los niveles de calidad y otras cuestiones vinculadas.

En marketing, el estándar de la marca debe ser único, tanto para el mercado local como a nivel global, sobre todo cuando se aplica a las grandes trasnacionales que muchas veces manejan estándares diferentes en cuanto a la calidad se refiere, de acuerdo con los diversos mercados a los que se dirigen.

Sin pretender entrar en temas políticos, es una realidad que de acuerdo con el origen del país de fabricación de un producto y con la región o país al que se dirige, muchas trasnacionales varían la calidad de sus productos (representados por marcas) y flexibilizan sus políticas de marca, dando por resultado productos disímiles en esencia y de menor calidad (aunque en apariencia se vean igual), según el país en el que vayan a vender sus productos.

Los estándares de calidad de una marca deberían ser uniformes para todos los mercados, pero lamentablemente varían de acuerdo con ciertos aspectos que le convienen y juegan a favor de empresas que solo tienen afán de lucro.

Me refiero a la situación que se da en países de América del Sur que, por acción u omisión de sus gobiernos de turno, son permisivos en cuanto a las exigencias de calidad y contenido no saludable de los productos locales y extranjeros cuyas marcas consumen sus habitantes, en distintas categorías.

Coincidentemente, también son los mismos países donde el consumidor no está organizado, no sabe quejarse ni reclamar, donde los mecanismos regulatorios existentes tienen un rol más bien político, sin proponerse velar por los verdaderos intereses de los consumidores.

Esta falta de principios y las consecuentes malas prácticas atentan contra los supuestos valores de la marca: por conveniencia comercial, la empresa propietaria varía sus estándares de calidad –que deberían ser únicos– de acuerdo con el mercado al que se dirige.

Pero, además de esto, las empresas olvidan que en un mundo globalizado, de alta movilización, casi sin barreras geográficas, los clientes y usuarios de las marcas esperan encontrar su marca, tal como la conocieron, con la misma calidad en cualquier país del mundo.

Cuestión de enfoque

El *enfoque* es el primer paso en cualquier proceso de negocios; para mí, representa en sí mismo la estrategia de base del negocio, no solo de marketing, de acuerdo con las palabras Al Ries, uno de los gurús del marketing. Mantener el foco es sostener aquello en lo que somos notoriamente más eficientes y quizás mejores que el resto, en lo que podemos ser los primeros.

Si hablamos de la empresa, se trata de responder a la pregunta: ¿En qué negocio estamos? Hay que delimitar nuestro enfoque para no perdernos en la diversificación comercial que plantea ser *todo para todo el mundo* y actuar en categorías diversas y no relacionadas; debemos deshacernos de lo que no es nuestro *core business* si nos resta tiempo, recursos y esfuerzos que confunden al cliente y no está dando resultados en la empresa.

Al concentrarnos y especializarnos adquirimos poder, que se potencia cuando lo que hacemos lo realizamos de una manera única, diferenciándonos.

Por otro lado, con relación al marketing, el enfoque se aplica a la marca que aspira a una posición dentro de una categoría específica de productos o servicios frente a sus competidores en un mercado determinado; pero más allá de esto, la expectativa es llegar primero a la mente y el corazón del consumidor.

Un claro ejemplo de enfoque aplicado a la empresa y cómo podemos encaminarnos por rumbos distintos pareciendo similares, es cuando hablamos de: 1) el negocio de la salud, 2) el negocio de los seguros médicos y 3) los servicios hospitalarios.

A primera vista, se puede pensar que hablamos del mismo negocio, más aún cuando existe la tendencia de agruparlos dentro de uno solo, *la salud*. Pero el enfoque que representa cada uno de estos negocios nos da una orientación diferente, y por lo tanto un marco distinto para actuar, así como diversas posibilidades que nos ofrece cada una de estas categorías de negocios.

Si tomamos de los tres, por ejemplo, los seguros médicos, podemos desarrollar marcas que atiendan a segmentos objetivo de clientes diversos, como seguros para empresas, seguros para personas y, dentro de esta última subcategoría, decidir posicionar marcas de servicio que atiendan a las personas jóvenes solteras, jóvenes casadas, jóvenes con hijos pequeños, adultos con hijos en edad escolar, adultos con hijos en edad universitaria, adultos independientes, jubilados, etc.

Pero si con otro criterio, decidimos que los segmentos objetivo serán determinados en función del rol que cumple el seguro en la etapa de la vida del cliente y de la relación que lo vincula al servicio del seguro, encontraremos a clientes interesados solo en una de estas tres etapas:

- la prevención,
- la atención médica de especialidades específicas,
- el tratamiento…

Cada uno de estos segmentos puede identificarse con el nombre de una submarca de servicio, lo que contribuirá al posicionamiento de esas marcas. El enfoque *le abre paso al posicionamiento*.

Pero antes de pensar en posicionar nuestra marca, antes de pensar en los *insights* (palabra derivada de la psicología, que se ha difundido y ha ampliado su aplicación al hacer referencia a los motivadores internos, entendimiento, supuesta verdad develada profunda de la persona, más allá de la necesidad, relacionados con una categoría en particular de productos y servicios), antes de desarrollar los aspectos creativos, comunicacionales y publicitarios de una marca, lo primero que debemos definir es el enfoque, sin el cual el camino a recorrer es particularmente incierto.

Al contar con un adecuado enfoque, es más fácil determinar en qué categoría incursionaremos, qué marca renovaremos o crearemos, así como desarrollar la estrategia. Esto nos permite incluso inventar una categoría nueva de producto, desde la cual podemos satisfacer la misma demanda que la de nuestros competidores, sin que necesariamente tengamos que compararnos con la tradicional competencia.

¿Mundo de percepciones? Marca, posicionamiento y connotación

En más de un libro de marketing, artículos en diarios y revistas, blogs de marketing, etc…, se repite con frecuencia que cuando nos referimos al posicionamiento de una marca, estamos hablando del mundo de las percepciones.

Esto se presta a muchas interpretaciones que nos regresan a un lugar incierto, y que creo importante replantear, cuestionar, para encontrar respuestas que nos ayuden a gestionar mejor las marcas. No debemos entender, erróneamente, que como las *percepciones* (intrínsecamente subjetivas, selectivas y temporales) existen en una cantidad equivalente a la de millones de personas que hay en el mundo, entonces, no hay mucho que podamos hacer por trasladar con éxito la teoría a la práctica, y pasar de la estrategia a la experiencia, del deseo de lo que queremos sea nuestra marca –la expectativa, la promesa– al mundo físico, concreto y real. Esto no es así.

Una marca se construye; inicia con una idea que va tomando forma y se consolida en el tiempo, se desarrolla a través de una serie de pasos –como se expresa en los siguientes capítulos del libro–, empezando por el desarrollo del enunciado de *posicionamiento* de marca (base de la estrategia). De ninguna manera es algo que sucede al azar y que se define única y exclusivamente por las percepciones de los consumidores.

Es responsabilidad de la empresa, de la marca, gestionar el posicionamiento profesionalmente para que estas percepciones se acerquen lo más posible a la promesa, a la propuesta inicial.

Sucede que la interpretación de que muy poco podemos hacer por lograr esta alineación para nuestra marca (deseo vs. realidad) surge por el desconocimiento del alcance de lo que el marketing puede aportarnos.

Me refiero en concreto a uno de los más comunes errores por los que han pasado o pasan hoy en día muchas marcas y empresas, cuando en la ejecución de sus planes, campañas, mensajes, en los diversos medios de comunicación, publicidad y diversos canales de distribución, añaden significados adicionales, muchas veces ajenos a la esencia de la marca. Así, la *connotación* (es decir todo lo agregado por terceros en el proceso, derivado de aquello que hemos dejado "abierto" a la interpretación y que no estamos controlando para nuestra marca) termina marcando la pauta, la línea, desplazando el posicionamiento deseado (reflejado en el enunciado de posicionamiento, que destila la esencia de la marca), cuando en realidad las diversas percepciones individuales y colectivas son las que imprimirán el concepto final real de la marca si lo dejamos librado a la suerte.

Marketing y RSE

Al reconocer y sostener el rol estratégico del marketing (velar por la esencia de la marca –enfoque de negocio, identidad y posicionamiento corporativo–), como profesión conocedora de las expectativas de los clientes, con una visión integral, se compartirán objetivos, mensajes y acciones dirigidas a los "grupos de interés" considerados como "clientes", con lo cual se logrará la preferencia. De esta manera, se potencian los resultados de las empresas que cuentan con *real compromiso* por el *bienestar* y la *calidad de vida*.

La sinergia entre la RSE y el marketing ayudará a la empresa a ser más consecuente con *lo que es, lo que hace* y *lo que dice ser*. Con transparencia y una nueva perspectiva empresarial, la compañía minimizará riesgos, desarrollará estrategias acertadas, con una mayor oportunidad de lograr objetivos. Al sincerar y alinear aspectos estratégicos como *core business*, visión, misión empresarial y social, valores, identidad, esencia, promesa de marca, **posicionamiento y estrategia de marketing** (de la que dependen las comunicaciones y la publicidad, y no al revés), la empresa podrá identificar, promover y adoptar las causas sociales en las que auténticamente crea y defienda, porque son su razón de ser y parte integrada de su gestión.

¿Qué es *marketearse*?

Este término hace referencia a la acción de aplicar el marketing a sí mismo –una persona, un profesional, un producto, un servicio, una organización, una empresa–, lo cual se enmarca en un contexto definido por nuestros propios valores, principios, lo que creemos y lo que ofrecemos como propuesta diferencial, como marca única. Esta propuesta se imprime con cada una de nuestras acciones; dejamos una huella con cada acto, y esto implica que debemos cuidar y mantener nuestra *promesa* en el tiempo.

Mi enfoque y visión del marketing va más allá del ámbito de las organizaciones.

> *Marketearse es ser consecuente con lo que eres, con lo que crees, lo que haces, ofreces, prometes, con lo que dices que eres, dices que haces, dices que ofreces, dices que prometes, pero sobre todo con lo que cumples.*
>
> *Eres = dices = haces = prometes = cumples.*
>
> *Lo que dice que es la marca empresa, producto, servicio, persona, etc. debe serlo siempre, no solo en el momento en que es importante lograr una determinada percepción.*
>
> *Debe serlo, no solo parecerlo, y cumplir lo que promete como marca.*

Marketero al marketing

Hoy, con mayor frecuencia que antes, es usual ver a las empresas cambiar de imagen, relanzar sus marcas, redirigir sus esfuerzos y presupuestos a sus clientes actuales intentando mantenerlos, fidelizarlos, y tratar de captar nuevos y más numerosos compradores mediante costosas campañas de publicidad, tanto en medios convencionales como por internet, medios digitales y por redes sociales. Y en estas acciones el profesional de marketing muchas veces tiene poco o nada que ver con el proceso y el resultado final.

¿Cómo es esto posible?

Algunas veces, por una falta de empoderamiento por parte de la dirección de la empresa al profesional de marketing o por desconocimiento del mismo profesional sobre su verdadero rol, sucede que se traslada la responsabilidad de marketing a la empresa que hizo el estudio de mercado, o a la que descubrió el motivador interno, emocional, psicológico –el elemento escondido, *insight,* en lo más profundo de la mente y el corazón del consumidor; aquella idea a la cual apelar en la campaña–; o se confía en la idea creativa de la agencia de publicidad que rebasó el concepto de la misma marca, desarrollando una campaña que cobró vida propia, alejándose del real posicionamiento de su marca, porque en ese momento una idea nueva llegó a gustar… Pero, la pregunta es: *¿se relaciona de alguna manera con la propuesta de la marca?*

Muchas veces, la campaña hasta pudo haber ganado un premio publicitario internacional, pero no por eso contribuyó ni aportó a los resultados concretos de la empresa ni mejoró su posición en la mente del cliente ni su relación con este, y más bien desposicionó a la marca y esta perdió su lugar (sin mencionar el gran presupuesto que se gastó).

Situaciones así se dan cuando las empresas no conocen y no aceptan el rol del marketing, cuando el profesional que se desempeña en esa área no tiene clara su función ni la fuerza necesaria para defender la esencia de la marca y de la empresa, o cuando quien lidera la organización no empodera a su área de Marketing ni a los profesionales que la integran para mejorar su gestión, limitando su actuar, supeditándolo al requerimiento del área de ventas y/o de la agencia de publicidad o –peor aún– de otras áreas que manejan la administración y/o las finanzas de la empresa.

Si bien el profesional de marketing lidera (sin perder de vista el enfoque en la estrategia) todo el proceso y los subprocesos del área –la investigación (de mercado, competidores, consumidores y clientes), el desarrollo, la comunicación, la publicidad, la gestión de medios y de los canales, tanto tradicionales físicos como digitales y on line–, son otros los profesionales especializados en cada uno de estos campos los que llevan a cabo estas actividades, profesionales que pueden ser parte del equipo y del área de Marketing o, caso contrario, los servicios son contratados a otras empresas que los proveen.

Dicho de una manera figurada: detrás de la función de Marketing funciona toda una maquinaria que debe calzar diversos procesos internos, en la empresa, y externos, con los proveedores de servicios, y en muchos casos se debe trabajar con varios de estos en paralelo para que, desde el rol integrador y estratégico que le compete, el área pueda aportar a los objetivos y resultados de la organización.

La tecnología

Otra constante que vivimos es el cambio continuo derivado de la evolución tecnológica, que nos facilita todo tipo de dispositivos móviles interconectados que nos permiten acceder a la información usando múltiples pantallas y una infinita cantidad de aplicaciones de avanzada para cada una de las actividades que realizamos. Así como nuevas y diversas soluciones en *la nube*, llamadas *cloud*, que marcan un nuevo tipo de gestión de marketing bajo demanda y de todas las áreas y especialidades vinculadas. Y un nuevo tipo de relacionamiento (en las nuevas redes sociales) mediante el cual marketing, como una de las ciencias más jóvenes, evoluciona con rapidez gracias a la tecnología e internet, que nos permiten llegar a los clientes de forma inmediata mediante nuevos formatos, medios, canales y lenguaje.

Las áreas de Marketing y sus profesionales deben adaptarse enseguida a estos cambios, pues es una de las áreas donde más rápidamente nacen nuevos conceptos como producto de integrar nuevos medios y canales, nueva tecnología aplicada, herramientas de gestión y aplicaciones disponibles de las cuales esta disciplina se sirve para ejercer su función. El marketing coordina aspectos del conocimiento de consumidores, del concepto, diseño, desarrollo, la optimización de productos y servicios, la ejecución de estrategias en estos nuevos canales y medios, la llegada a los clientes objetivo, para dar a conocer la propuesta de la compañía, *posicionar* su marca.

Información que puede resultar de interés y la encuentran detallada en diversos sitios y estudios de internet, como:

- el sistema operativo Android sigue proyectándose como líder de los smarthphones instalados;
- hoy los consumidores no salen de sus casas sin llevar un dispositivo móvil;
- el creciente número de compradores off line investiga, cada vez más, on line antes de salir a comprar;
- el creciente inventario de video on line de las video network;
- los billones de fotos capturadas con los dispositivos móviles en el último año;
- el crecimiento de las cuentas en mobile banking;
- el hashtag que ha refrescado la comunicación por TV;
- el crecimiento del uso de aplicativos como WhatsApp, entre otros más.

Con un consumidor que navega en múltiples dispositivos el reto podría ser desarrollar un sistema de medición o un modelo que gestione la acción sobre los mensajes de parte de la persona receptora, en diversos formatos y canales, y no del dispositivo.

Además, el área de Marketing debe interrelacionarse con profesionales especializados en las diversas subespecialidades y opciones que nos da internet (medios digitales y sociales) y la tecnología para dar a conocer la propuesta de la empresa y sus marcas: en diversos medios y sus funcionalidades, desde buscadores, sitios web, portales, blogs, publicidad on line, *newsletters, emailmarketing, brochures* digitales, videos web, *e-commerce,* redes sociales (Facebook, YouTube, Twitter, Instagram, Vine, Vimeo, Tumblr, Pinterest, Wattpad, entre otros, y debe adoptar sus indicadores, que miden números de: usuarios, visitas, publicaciones, menciones, reproducciones, comentarios, compartidos, seguidores, clics, re-tweets, menciones hashtags, suscriptores, likes, contactos, recomendaciones, alcance, frecuencia, impresiones, acciones…). Además de las incontables opciones de juegos, diversos servicios de telefonía IP, "n" aplicativos, soluciones en *cloud.*

Se pueden encontrar fácilmente historias y casos de marcas que incrementaron su tráfico en los buscadores de su categoría o el número de visitantes de su website después de enfocarse en mobile shoppers (compradores vía móvil) o que incrementaron sus ventas por ampliar su presencia a nuevos dispositivos móviles, o quienes incrementaron sus ventas al facilitar el pedido mediante el smartphone y retirarlo en el mostrador (entre tantos) sin mencionar la optimización de presupuestos de quienes adoptan las soluciones en *cloud.*

Todo suma

Uno de los aspectos más importantes del marketing es que las herramientas que utiliza –desde estudios convencionales de mercado cuantitativos y cualitativos, del mercado, de productos y servicios, del consumidor, de *insights*, etc. hasta toda nueva herramienta de investigación, que hoy permite la tecnología, de cualquier origen, que pueda brindarnos información–, aportan, suman, deben integrarse, no son excluyentes. Sus resultados, en forma conjunta, nos brindan información valiosa para tomar decisiones, brindando mayor certeza sobre los parámetros de acción y el camino que debemos tomar.

¿Para qué quiero una marca?

De manera crítica, podemos asegurar que exhibir un símbolo, un logo que nos represente, no es lo mismo que tener una marca. Una marca debe contar con un significado, representar algo (un concepto, una promesa) para quien trabaja en ella y para el cliente que la valora y la elige entre las demás de su categoría, sin importar si se trata de productos o servicios, empresas, instituciones u organizaciones.

En un mundo tan "ruidoso" como el nuestro, en términos mediáticos y publicitarios, a las personas les cuesta cada vez más dedicar tiempo a decidir y elegir entre una gran variedad de opciones para satisfacer un deseo o una determinada necesidad con una categoría de producto y/o servicio.

No debemos dejar librados al azar los aspectos relacionados con la marca, su propuesta, lo que promete, lo que cumple, ya sea un yogur, un detergente, zapatillas, una laptop, un seguro, un servicio, etc. Los atributos valorados por el consumidor –como por ejemplo: natural, *light*, con energizantes, con extra sabor, con súper poder blanqueador, rendidor, anatómico, material que respira, con soporte extra, ligera, delgada, veloz, portátil, 3D–, y cómo se ve, lo que dice, lo que transmite, cómo se relaciona con sus clientes, los beneficios que brinda… son aspectos que no tiene sentido dejar librados a la suerte.

Necesitamos una marca (identidad conceptuada, aspiro a que así sea percibida) que nos identifique, y que se relacione con el cliente (imagen percibida por el cliente), que nos represente en todo su concepto (físico, funcional, emocional, relacional en la experiencia y en cualquier otra dimensión que se le quiera dar), que contenga ese elemento diferencial y disparador que logrará que el cliente la recuerde como la mejor opción entre las demás alternativas.

Definamos nuestra marca

Si aún no sabemos exactamente cuál es la definición de nuestra marca, la identidad que queremos darle, cuál es el lugar que ocupa en el mercado, en la mente y el corazón de nuestros clientes, cómo está ubicada frente a los competidores, con qué se asocia, en qué cree…

¿Qué vamos a comunicar?
¿Qué vamos a publicitar?
¿Cómo vamos a vender?

Con independencia del mensaje que necesitemos que sea comunicado (y cuándo, dónde y a quién), se trate de un lanzamiento de marca, una promoción, una campaña, un evento u otra razón, respondamos:

¿Cómo el consumidor puede asociar ese "factor" a nuestra marca ("la razón" y "la emoción"), que lo hace decidirse por una entre todas las demás, en una categoría de producto y/o servicio, si no nos hemos enfocado, no nos hemos definido, ni ubicado y no hemos comprobado previamente nuestro posicionamiento?

Es fundamental cómo lo vamos a hacer, desde redactar una simple carta dirigida a los clientes, o por medio de una campaña, un evento, acciones integradas como parte del plan de marketing.

Esto dependerá no solamente del momento y la situación que enfrenta la marca en su mercado, frente a los competidores; sobre todo dependerá de su posicionamiento.

Cómo vamos a gestionar nuestra comunicación y publicidad dependerá de los parámetros de marketing dentro de los cuales situemos nuestra marca, sobre qué base estratégica trabajaremos: su definición, enfoque, concepto línea, perfil (como marca) como resultado del trabajo de posicionamiento estratégicamente desarrollado que marcará la pauta para desarrollar su estilo, la forma y el tono en las comunicaciones y la publicidad a través de los diversos medios para que la perciban como tal.

Generando coherencia

Desestimar el valioso aporte del posicionamiento, uno de los conceptos fundamentales del marketing, nos limita como marca a participar en el mercado. Sin una bandera que nos identifique, es como participar en una competencia deportiva sin un número que nos distinga, sin un color de camiseta, sin el uniforme del equipo al que representamos.

Es como entrar en una guerra sin un arma que nos permita defendernos.

Estos temas poco claros y poco definidos sobre el marketing en la práctica del mundo profesional y empresarial tienen un efecto negativo y directo en la gestión de las empresas, y afectan directamente a los resultados de sus marcas.

Para tener mayor claridad revisemos rápidamente algunas definiciones:

> La **publicidad** es la comunicación comercial por excelencia; mediante diversos formatos publicitarios en diversos medios de comunicación, informa y comunica al consumidor sobre la existencia y beneficios de un producto o servicio publicitándolo, resaltando sus diferencias sobre las demás alternativas que brinda el mercado. Hace notoria la marca, tratando de influenciar mediante sus anuncios, trata de generar una demanda, incidir en tendencias y preferencias, con el objetivo que el consumidor adquiera la marca. En muchos casos, su accionar depende de las regulaciones y la permisividad del país para cuidar o no a sus consumidores, así como de los valores de la marca; las bondades algunas veces se exageran y la publicidad cada vez más "maquilla", distando de acercarse a la realidad de la promesa de la marca que publicita.

> La **comunicación** es el proceso de llevar un mensaje, la acción de trasladar, transmitir la información proveniente de un emisor, la que es recibida, interpretada por un receptor, que llega a través de un canal de códigos, canalizada a través de diversos medios por los cuales se transmite, ya sea verbalmente, por escrito y por cualquier tipo de señal, esperando una respuesta.

> Los recursos de la comunicación son diversos; entre las personas, estos medios van desde una carta impresa –lo que cada vez es menos común–, un e-mail, un mensaje en la cuenta de las diversas redes sociales de nuestro receptor como Facebook, Twitter, LinkedIn, una llamada telefónica o un mensaje en la casilla de voz, una nota escrita, etc.

> En una organización, se da la comunicación interna, entre la empresa y sus colaboradores, empleados y trabajadores, así como la **comunicación externa,** entre la compa-

ñía y sus clientes, proveedores, accionistas, stakeholders y otras organizaciones con las que se relaciona.

En las empresas, además de los recursos ya mencionados, se emplea la intranet, la web, un portal, la vitrina o panel de empleados donde se comunican los mensajes de interés, entre otros. Cabe mencionar que la manera en que las empresas comunican sus mensajes para dar a conocer su propuesta a sus clientes es por medio de la publicidad y las relaciones públicas.

Las **relaciones públicas** (RRPP) son acciones coordinadas de comunicación cuyo objetivo es mantener relaciones positivas en el tiempo con los diversos públicos, llamados stakeholders, en el ámbito de las empresas y organizaciones, fortaleciendo los vínculos con los distintos grupos relacionados, como trabajadores, clientes, proveedores, accionistas, medios de comunicación, gobiernos, entre otros. En este caso el enfoque se orienta más hacia la escucha, para persuadirlos sutilmente, convenciéndolos de brindar su apoyo en actuales y futuras acciones de la empresa, mediante diversas estrategias e instrumentos de los cuales se vale.

La **venta** es el proceso de vender, traspasar, dar, entregar a otro, intercambiar un producto o servicio por un pago convenido entre dos partes: comprador y vendedor.

La **promoción** es la acción de difundir, impulsar un producto, un servicio, con el objetivo central de incrementar su venta a través de actividades a las que generalmente se asocia con ofertas y diversas fórmulas ("lleva más paga menos", o "compra este producto y llévate además este otro") y descuentos (rebajas en el precio).

El **posicionamiento** se da en la mente de los clientes cuando una marca de un producto o servicio logra vincularse con los atributos más significativos para un particular grupo o segmento de consumidores a quienes se dirige (la marca); de esta manera los asocia a esta marca, diferenciándose de las de los competidores. Es probable que el cliente ubique a los productos ofertados en la misma categoría, pero puede claramente asociar y diferenciar el de la marca por su propuesta y promesa, por la suma de ventajas, atributos y beneficios que en conjunto ofrece "esa marca" frente a las competidoras.

En otras palabras, activamos la memoria del consumidor cuando logramos que nuestros clientes identifiquen los atributos más importantes para ellos, en una determinada categoría de producto o servicio, con nuestra marca, conectándose y vinculándose cuando se genera una relación más allá de lo comercial.

El **branding** es uno de los procesos de marketing que crea, construye y mantiene una marca, logrando un valor percibido por el cliente. Esta percepción que captamos mediante los sentidos es producto de un trabajo arduo que se tangibiliza mediante diversos elementos: logotipo, isotipo, colores distintivos, formas, tipos de letras, lema, imágenes asociadas, valores, olores, sabores, texturas asociadas, diseño de uniformes, estilos y tonos en la comunicación, la estrategia, el personal de la organización, las políticas, los procesos, sus tiempos de respuesta, la calidad y calidez en la atención, su infraestructura, sus oficinas y sus puntos de venta, entre muchos otros aspectos diferenciales con los que asociamos a la marca, junto al valor ponderado por el propietario de la marca (valor que depende de su desempeño y cumplimiento en el mercado, el cual es calculado por diversas metodologías con distintos indicadores). Y en la evolución del branding su misión es tangibilizar la esencia de la marca, **dejar su sello y huella** en todo punto de contacto marca-cliente.

Toda marca posee un significado para el público, cliente, consumidor, usuario; una percepción asociada a aspectos que no son producto del destino ni se logran por capricho o por efecto de una varita mágica: necesita de una estrategia que apunte a lograr resultados específicos, por medio de la cual se va fortaleciendo su identidad y se logra la alineación con la imagen que proyecta. En dicho proceso la comunicación, las relaciones públicas y la publicidad son vehículos para afirmar esta percepción que queremos lograr.

La publicidad, la comunicación, las relaciones públicas, las ventas, utilizan diferentes técnicas e instrumentos, pero lo cierto es que cada vez más sus acciones se relacionan entre sí y con la disciplina de marketing.

SEGUNDA PARTE

EL CAMPO DE ACCIÓN:
¿LA MENTE O EL CORAZÓN?

DIRECTO AL PUNTO

Vivimos en una sociedad sobrecomunicada, en un mercado de empresas y personas donde el ser humano común recibe diariamente miles de mensajes e impactos publicitarios a través de distintos medios de comunicación: mensajería directa, paneles en la vía pública, transporte público, diarios, revistas, radio, televisión, cable, marketing directo, teléfono, celular e internet, vía e-mail, buscadores, webs, diversidad de redes sociales, juegos, aplicaciones, entre las muchas alternativas. Con independencia de nuestra particular manera de percibir las cosas, a todos nos afecta por igual la sobrecomunicación, el "ruido" y la saturación publicitaria.

¿Qué hace la mente?

Ante esta situación, la mente ha desarrollado mecanismos alternativos; el primero, el *mecanismo de organización* (de la información) y el segundo, el *mecanismo de evasión* (de los medios de comunicación que la saturan con publicidad).

El mecanismo de organización

Primero, la mente usa el *mecanismo de organización* con base en su percepción; interpreta, decodifica la información, la simplifica, luego la organiza y la guarda.

Hemos aprendido inconscientemente a asignar y ordenar espacios mentales para las distintas categorías de productos y servicios que consumimos, asignándole a cada marca una posición que reclama su lugar frente a las demás, ubicándola en la cima o en algún otro lugar relegado de la lista; además, le asignamos ciertas características, que facilitarán nombrarla o colocarle una etiqueta que la identifique por sus cualidades más resaltantes y nos sea más fácil y rápido reconocerla y recordarla. Es importante recalcar que este proceso es absolutamente personal e individual.

Imaginemos que nuestra mente es un gran mueble de madera, con cajones de diversos tipos y tamaños, donde almacenamos la información a nuestro gusto y preferencia, de acuerdo con nuestro único, particular y personal esquema mental.

Se dice que, cuando analizamos la información, tanto hombres como mujeres lo hacemos de maneras distintas por las características propias de cada género, además de las diferencias personales, tal como lo hacemos para la clasificación de los colores.

Por ejemplo, si le mostramos a un grupo de hombres una paleta de colores con diferentes matices, encontraremos que para la gran mayoría, ante diferentes tonalidades de un color, por ejemplo del color rosado, los agruparán simplemente debajo de la etiqueta *rosado*, e incluso muchos incluirán colores como lila o fucsia dentro de esta. Y no ocurre con este color en particular, ya que al presentarles el color celeste y sus tonalidades claras y oscuras, es muy probable que para algunos sea adecuado ponerles la etiqueta *azul*.

En el caso de las mujeres, al presentarles la misma paleta de colores, podrán distinguir y clasificar toda la gama de tonalidades, tanto para el rosado en las distintas variantes –y por supuesto no incluirán el lila ni el fucsia–, como para el celeste, clasificándolo desde celeste bebé, celeste cielo, celeste claro, celeste oscuro, hasta llegar a aproximarse al azul, sin serlo.

Los hombres, en cuanto a información se refiere, en su gran mayoría clasifican las cosas en grandes categorías utilitarias; llevándolo al ejemplo de los cajones, estos serían de gran tamaño y con etiquetas más bien genéricas. Aunque esto está variando un poco en las generaciones más jóvenes.

Pero si analizamos el comportamiento de un alto porcentaje de mujeres para clasificar sus cosas personales –por ejemplo, dentro de una cartera–, encontramos que muchas tienen pequeños bolsos dentro de bolsos más grandes, para agrupar las cosas utilitarias que pertenecen a una subcategoría.

Si trasladáramos este comportamiento al espacio mental, encontraríamos que las mujeres utilizan cajones pequeños dentro de los grandes cajones para organizar todas las subcategorías.

Sabemos que no hay una única manera de clasificar la información que recibimos; si somos aproximadamente más de 7.300 millones de personas en el mundo, tendremos 7.300 millones de formas de clasificar las cosas percibidas, la información recibida, las vivencias, las marcas, la publicidad en nuestra mente.

¿Qué hace el corazón?

Se dice que las personas somos racionales y emocionales (dependiendo de cada quien y del momento al cual nos enfrentemos en el que tenemos que tomar una decisión, somos más proclives a una manera que a la otra). Lo racional lo procesa el cerebro y lo emocional, figurativamente, el corazón, aunque si bien asociamos todo lo relacionado a sentimientos y emociones como asuntos que le atañen y se albergan en el corazón, todo se procesa realmente en nuestro cerebro.

Cuando la mente trabaja, procesa experiencias, vivencias, recuerdos, y cómo se vinculan a antiguas y nuevas emociones, las cuales actúan como motor decisor, sobre todo como activador en el momento de seleccionar, por ejemplo, una marca.

Apelando a estas, es que:

> *Podemos intentar influir en la clasificación y en la calificación o puntaje que le asignará cada cliente a una marca dentro de una particular categoría de producto o servicio. No solo influenciar la mente, sino, sobre todo, el corazón de las personas.*

Y digo *intentar influir* porque bajo mi concepción el ser humano es impredecible. Al trasladar los conceptos al mercado real, factores externos que no controlamos (ingreso de nuevas marcas, productos sustitutos o nuevos competidores, una agresiva campaña del competidor, el incremento o reducción en los ingresos económicos de los consumidores por alza salarial, pérdida de empleo, entre otros factores) cambiarán la manera de actuar, elegir y comprar de cada consumidor. Y esto es una realidad que ninguna nueva técnica podrá modificar.

> *Al variar su entorno inmediato y sus posibilidades, no solo económicas, como consumidor con respecto a un producto o servicio, variarán sus alternativas, reaccionará a los cambios del mercado de acuerdo con sus nuevas expectativas, en función de cómo se acomode a su bolsillo y a sus nuevos intereses y sus vínculos emocionales.*
>
> *En esta situación de cambio, en consecuencia, variarán sus preferencias y decisiones.*

Mecanismo de evasión

En segundo lugar, la mente usa el *mecanismo de evasión*. Mientras las empresas y las marcas apuestan a que sus clientes se dejarán seducir por la publicidad y el presupuesto que están destinando a diversos medios de comunicación y publicidad, hemos llegado a un punto de saturación tal que las personas evadimos la información que recibimos y que ya no queremos procesar, ya sea porque nos aburrió, cansó y finalmente saturó, asumiendo una actitud y una percepción negativa hacia la publicidad recibida, alcanzando un *punto de retorno* a partir del cual varía la percepción aparentemente favorable hacia una marca.

La predisposición, la actitud y la oportunidad

Hay dos cosas fundamentales que tomar en cuenta y decir sobre la publicidad: *la primera* es que por sí sola no vende, hace falta una estrategia, acciones y un Plan de Marketing que la acompañen; y *la segunda* es que sus resultados dependen de la predisposición de la persona que está siendo impactada por una acción publicitaria.

La **predisposición** es un factor determinante, que define la receptividad, la atención, la disposición a recibir, la actitud de la persona, que permite dejarse o no influenciar como consumidor, y es un aspecto que varía de acuerdo con el momento que este vive.

> *Basta que observemos cuál es nuestra actitud hoy frente a los medios y pensemos en nuestra predisposición; es decir, cómo estamos, cómo nos sentimos, qué tan receptivos somos, y analizar el sentido de oportunidad, pensando si es positivo para los anunciantes tratar de impactarnos en ciertos momentos.*

Frente a los medios de publicidad y comunicación

Por ejemplo, al pasar junto a la publicidad en paneles ubicados en el transporte público, en microfracciones de segundos, mientras caminamos, manejamos, nos subimos a un taxi, un bus o un tren, pasan por nuestra mente pensamientos y sentimientos, influenciados por las cosas que nos suelen afectar cuando transitamos por la calle (sobre todo en ciudades congestionadas): las personas, el tráfico, los semáforos, el ruido, los olores, el clima, los lugares…

Si relacionamos las imágenes de la marca que vimos con la experiencia negativa de la ruta o el camino (cuando no fue positiva), así como con la situación a la que estuvimos expuestos (ruidos molestos, olores, frío o bochorno, conductores impacientes, desviación del tráfico), probablemente se produzca un condicionamiento negativo.

Dicho en otras palabras, si las marcas que anuncian en la ruta no nos aportan un mensaje positivo que a su vez aporte a su marca, y que nos haga más agradable el camino, nuestra *receptividad y predisposición* como consumidores será negativa, lo cual se manifiesta en ser indiferentes, disgustarnos frente a las imágenes (recordación negativa), e incluso bloquear toda imagen o publicidad de la vía pública que nos desvíe o retrase en nuestro objetivo de llegar a destino.

Con relación a los *diarios*, que compramos principalmente para informarnos, en ellos la publicidad compite con las noticias y el contenido del propio medio, y al igual que en las *revistas* los anunciantes esperan que el lector vea su aviso, sin ninguna certeza real de que así será, pues como lectores pasamos las páginas de un lado a otro, con una tendencia a ir directo hacia la sección preferida, generalmente sin leer el diario o la revista en forma completa.

En *radio, televisión* y *TV por cable*, nos apoderamos del control remoto y el zapping nos ayuda a evadir lo que ya no queremos escuchar ni ver, y además, con nuestra propia selección de música y películas en todo tipo de formato, nos alejamos de ser parte de ese público seleccionado, que de acuerdo con la estimación y programación de los canales, deberíamos estar escuchando y viendo sus programas, expuestos a su pauta publicitaria.

Por su lado, el *marketing directo* y los ensobrados que llegan a casa y/o a la oficina vía mensajería, con supuestas fórmulas de impacto en su mensaje y diseño para captar nuestra atención, han perdido en gran medida su efectividad. Basta ver cómo se nos acumulan encima del escritorio los sobres que recibimos y que solo abrimos (incluso con retraso) si resultan estrictamente de nuestro interés y preferencia, dejando sin abrir los demás, que van directo al tacho de basura; o cuántas veces encontramos invitaciones, una campaña o un evento que ya pasó, y nos enteramos, sí, pero fuera de la fecha en que el anunciante contaba con nuestra acción y/o presencia.

Con el *telemarketing* ocurre algo similar en cuanto a pérdida de efectividad; si no logramos identificar quién nos llama por teléfono, con mucha probabilidad no vamos a atender, nos hacemos negar y hasta colgamos si la llamada fue para vendernos algo. Esto se agrava cuando la llamada tiene lugar en horarios inoportunos para el cliente (por ejemplo, antes de que vaya a almorzar o cuando está por finalizar su jornada laboral).

Con el *móvil* ocurre algo similar: si no podemos identificar el número que sale en nuestra pantalla, la llamada probablemente no será atendida y va directo a la casilla de mensajes. Y dependiendo de la marca y qué tan cuidadosos sean sus comunicadores en el uso de aplicaciones para mensajes de texto, con mayor efectividad sobre las generaciones de usuarios más jóvenes, dependerá del buen uso que le den al aplicativo para no saturar al potencial cliente convirtiendo los mensajes en spam.

Por *internet, vía email, buscadores, webs* y *las redes sociales*, quizá los resultados sean más alentadores por su velocidad, alcance, llegada, posibilidades de interacción y medición. Aunque ya las acciones de e-mailing están, desde hace tiempo, empezando a mostrar una baja en la efectividad por el mal uso y el mal manejo de los mensajes masivos por spam. Pero estas acciones requieren un trabajo más segmentado para lograr mensajes personalizados que logren conexión con el cliente.

Sin duda debemos evaluar cuidadosamente el factor **oportunidad** *cuando tratamos de impactar en el consumidor, publicitando nuestro producto o servicio sin olvidar evitar el punto de retorno, donde la percepción, aparentemente favorable hacia una marca, retrocede en el terreno ganado tornándose negativa, lo cual muchas veces tiene que ver más con el manejo publicitario, la implementación operativa para su publicidad, el manejo del canal de distribución, que con el producto o servicio en sí.*

Mientras los medios convencionales nos invaden, cuando realizamos nuestras actividades en la vida diaria, por internet, la **actitud** *que tenemos y sobre todo nuestra predisposición, es diferente: cada uno toma la decisión de sentarse y aislarse frente a su computadora (los de generaciones mayores), frente a su dispositivo móvil de preferencia (las generaciones jóvenes) y conectarse, sea para leer correos, buscar información, sitios webs, interactuar en redes sociales, comprar, buscar, jugar, o usar algún aplicativo, entre otros usos. Nuestra atención ante este medio es diferente, es más exclusiva; estamos inmersos y es mayor el tiempo que le dedicamos, comparativamente, a los medios tradicionales.*

Por todo esto, se requiere de un esfuerzo particular para integrar los elementos estratégicos y claves de marketing, que nos lleve a consolidar el conocimiento de los clientes y sobre lo que estos esperan de un determinado producto o servicio, para poder desarrollar esa diferenciación en ese espacio que anhelamos en la mente-corazón de nuestros consumidores, logrando la percepción adecuada para posicionarnos y conquistar su preferencia.

La dimensión básica de lo que el marketing puede aportarle a la empresa, al profesional y a la persona se puede integrar en dos conceptos: **posicionamiento y segmentación**.

Posicionamiento y segmentación

Un concepto de marca se desarrolla pensando en un segmento específico de clientes al cual nos proponemos atender y satisfacer, para lo cual segmentamos el mercado reconociendo los diferentes grupos de clientes existentes y seleccionamos uno, nuestro segmento meta, al que podremos satisfacer con mayor eficiencia que a los demás segmentos respecto de las demás marcas competidoras. Ya sea por nuestras capacidades y recursos como empresa, por rentabilidad, pero sobre todo porque representa el segmento de clientes al que podremos cumplir esa promesa que nos diferenciará como marca, para lo cual desarrollamos un concepto que contempla el enfoque de la marca, su identidad y su posicionamiento.

TERCERA PARTE

CONCEPTOS DE BASE

CAPÍTULO 2

POSICIONAMIENTO Y SEGMENTACIÓN

Son varios los conceptos involucrados al hablar de *posicionamiento* y *segmentación*. Por un lado, las empresas participan en un mercado (de personas y organizaciones) que poseen una imagen donde compiten como marcas, las cuales tienen un posicionamiento que ofrece una propuesta diferenciadora de productos y/o servicios, a segmentos específicos de consumidores, con diversas necesidades (como usuarios, compradores y clientes) y diversos estilos de vida, tema que deben preocuparse en conocer las empresas para profundizar sobre este conocimiento y desarrollar estrategias que les permitan adaptar su oferta a las *necesidades* de los diferentes grupos de clientes a fin de lograr satisfacer su demanda.

¿Cómo iniciamos este importante proceso de marketing?

Existen diversos estudios de mercado (cuantitativos y cualitativos) y herramientas de investigación del consumidor, de los competidores, de las categorías de productos o servicios, que nos ayudan a reunir la información necesaria para desarrollar un análisis de la situación de nuestro mercado, definiendo las variables que nos llevan a seleccionar nuestro mercado meta (grupo objetivo de clientes a atender), así como métodos, técnicas, herramientas –como los *mapas perceptuales* (sobre los que no entraremos en detalle)– que nos permitirán visualizar la información para definir las características del producto, del empaque, del servicio, a fin de desarrollar posicionamientos únicos para cada marca, de acuerdo con su entorno competitivo.

Pero aunque contemos con una vasta información, si no comprendemos los conceptos fundamentales y básicos del marketing no podremos usarla eficientemente en el diseño de nuestras estrategias.

Empezaremos revisando los conceptos más importantes que nos ayudarán a comprender los elementos clave de la segmentación y el posicionamiento, desarrollando algunos ejemplos.

Posicionamiento y segmentación. Conceptos básicos

Los conceptos iniciales que intervienen en el proceso de posicionar y segmentar son:

- **mercado,**
- **producto,**
- **marca,**
- **posicionamiento,**
- **segmentación.**

Cuando hablamos del mercado, es importante señalar que hoy en día, gracias a internet y el avance de la tecnología, este concepto hace referencia al espacio donde interactúan compradores y vendedores, ofertantes y demandantes; ya no solamente comprende el mercado real físico que conocemos, su definición se extiende a mercados on line y virtuales.

También debemos considerar que la interacción se da tanto entre empresas y personas (o *B to C –business to consumer–*) como entre empresas, lo que se denomina *B to B* (*business to business*), y entre personas (*C to C –consumer to consumer*–) que asumen respectivamente el rol de ofertante y demandante según sea el caso.

Resumiendo, la definición de mercado sería la siguiente:

> ### Mercado
>
> Espacio donde se encuentran ofertantes y demandantes, tanto personas como empresas, grupos y/o individuos dispuestos a intercambiar dinero, bienes o servicios para satisfacer sus necesidades como consumidores, compradores y clientes.

De la misma manera, desarrollemos el concepto de *producto*, que ya no está delimitado dentro de parámetros y entornos exclusivamente físicos: hoy encontramos en internet una variedad de productos en su versión on line, digital (como el caso de los libros, tarjetas, cuadros, películas, música, juegos, aplicaciones), entre muchos otros, y además puede ofrecernos ventajas adicionales, como la personalización de ciertos productos (jeans a medida) de acuerdo con nuestros gustos y preferencias.

Definamos el concepto de producto:

> ### Producto
>
> Todo lo que se ofrece en un mercado y que satisface un deseo, necesidad o requerimiento de personas y/o empresas.

En un mercado se ofrecen productos, pero si pensamos como consumidores, como clientes, encontramos que las personas compramos productos y servicios, aunque en nuestro personal proceso de decisión y selección *elegimos marcas*.

Las **marcas** representan un concepto, una promesa, una propuesta de valor; tienen ventajas diferenciales, atributos, beneficios para los clientes, que valoran diversos aspectos como la calidad, el servicio y la atención que reciben, y por supuesto juegan además otros elementos, como el precio, el canal por el que se accede a la marca, los mensajes y medios por donde se transmite la comunicación y publicidad sobre la misma, todos factores que, de manera combinada, participan y afectan la decisión.

Desarrollando la definición de marca con el enfoque aplicativo, llevándolo a la práctica, este incluye el desempeño y el rendimiento de la marca que, sobre la base del cumplimiento de la promesa, será reconocida o criticada, afectando la lealtad de sus clientes en el tiempo.

Definamos el concepto de marca:

> **Marca**
>
> Es un concepto, una promesa, una propuesta de valor, atributos, ventajas diferenciales, beneficios para el consumidor, que implica calidad y servicio, reconocida en el tiempo y que se evidencia con la satisfacción de sus clientes.

Pero en un mercado globalizado, competitivo, cambiante…

¿Cómo hacer que el segmento objetivo de clientes seleccionado prefiera nuestro producto, servicio, compañía y/o empresa, nuestra marca?:

POSICIONÁNDONOS

Posicionarnos implica mucho más que ocupar un espacio; no es un objetivo temporal, sobre todo implica mantenernos en el tiempo, adecuándonos a los cambios y tendencias, sin perder de vista nuestra esencia, para lograr, como marca, la vigencia, traducida en lealtad, en la fidelidad del consumidor.

El posicionamiento hoy implica llevar a nuestros consumidores del estado de clientes al estado de adeptos, *fans* y seguidores voluntarios de nuestra marca y/o empresa. Detrás de toda gran marca debería haber un gran producto y/o un gran servicio que la respalde. Disney, Apple, Google, Coca-Cola son algunos ejemplos de las marcas reconocidas en el mundo.

Definamos el concepto de posicionamiento:

> **Posicionamiento**
>
> Es la suma de motivos y/o las razones por las cuales los clientes van a elegir a nuestra marca, sea esta un producto, un servicio, una organización o una persona.

Definamos el concepto de segmentación:

> **Segmentación**
>
> Es la división del mercado en grupos homogéneos, basado en agrupaciones de acuerdo con características similares, para aplicarle una estrategia diferenciada.

Importancia del posicionamiento

Un *posicionamiento logrado*, fundamentado, enfocado, positivo, único, auténtico, diferenciado, define una *posición* que es altamente apreciada y valorada por el consumidor, que lo hace imbatible, al punto de decidir el éxito del producto, el servicio, de la empresa o de la persona que quiere posicionar su marca.

En sí mismo, describe la definición y la esencia de una marca, su concepto, su perfil, su línea, como resultado de un trabajo estratégicamente desarrollado.

Para llevar el concepto de posicionamiento a la práctica veamos la relación entre *posición* y *posicionamiento,* así como su importancia y aporte a la empresa e imagen corporativa, al producto, al servicio, a la atención, a la comunicación, a las RRPP y a la publicidad.

En mi opinión, una manera de diferenciarlos es definir que la *posición* es el lugar que aspira tener una marca, y también se refiere al espacio que ganó o logró la marca en su categoría.

Mientras que el concepto de *posicionamiento* es el concepto mental / emocional que aspira lograr una marca, que nació en el papel, en un enunciado. También se refiere a ese lugar y espacio ganado o logrado en la mente y corazón de su cliente (consumidor y/o usuario) de esa marca como resultante de una gestión desarrollada con estrategia y llevada con éxito a la práctica

El posicionamiento, define, influye y se afecta de una diversidad de aspectos; revisemos algunos de ellos.

En la empresa:

– la identidad, la personalidad, los valores, los principios, la cultura, la filosofía, los valores y su ética, su visión;
– la imagen corporativa;
– el perfil de su gente;
– el tipo de relación con sus colaboradores;
– las prácticas laborales;
– la comunicación interna;
– las prestaciones y beneficios para los trabajadores;
– las relaciones con todos sus *stakeholders*;

- el tipo de proveedores con los que se relaciona en general;
- las políticas de reclutamiento, selección, capacitación, retención, administración, finanzas, operación, producción, logística, legal…;
- las buenas o malas prácticas empresariales;
- los programas que desarrolla;
- su compromiso con la RSE (responsabilidad social empresaria);
- sus alianzas estratégicas;
- el tipo de causas que defiende y con las cuales se asocia;
- su aporte a la comunidad;
- cómo vencerá a sus competidores en el mercado;
- las herramientas con las que logrará sus objetivos;
- los consecuentes resultados en ventas, preferencia, lealtad a la marca;
- las relaciones con sus clientes.

En la imagen corporativa:

- la imagen a proyectar;
- los elementos de su identidad corporativa;
- los rasgos de su personalidad como marca corporativa;
- su cultura y filosofía, valores, principios, su ética;
- su reputación;
- la comunicación interna.

En el producto:

- las estrategias del producto, la calidad, el precio, los canales de distribución, las comunicaciones, la publicidad, los medios, la promoción;
- el perfil del cliente que la empresa atiende;
- la percepción de los consumidores;

Es la razón de haber logrado la preferencia.
Es la razón de lograr la fidelidad de los clientes.

En el servicio:

- las estrategias de servicio, la calidad, el precio, los canales y el proceso de atención y entrega, la posventa
- la cereza que corona nuestro servicio;
- la huella que queremos imprimir para diferenciarnos;
- el tipo de relación con el cliente, las comunicaciones, la publicidad, los medios, la promoción;
- el perfil del cliente que la empresa atiende;
- la percepción de los consumidores.

Es la razón de haber logrado la preferencia.
Es la razón de lograr la fidelidad de los clientes.

En la comunicación y las RRPP:

- el mensaje a comunicar;
- la alineación del mensaje;
- los parámetros comunicacionales;
- la estrategia de comunicación para cada grupo de interés;
- el estilo comunicacional;
- las formas a usar (escrito, hablado, imagen, video, on line);
- el tono a emplear;
- el motivo a comunicar (el incentivo y la conexión);
- el momento a comunicar (la oportunidad);
- los medios, canales, formatos a usar y el *mix* (la integración);
- el vocero, interlocutor, el emisor del mensaje, la voz;
- la identidad, filosofía, imagen y reputación.

En la publicidad:

- los parámetros publicitarios;
- la estrategia de publicidad;

– la estrategia y el despliegue creativo;
– el estilo comunicacional;
– las formatos publicitarios a usar;
– el tono, las imágenes, los sonidos a emplear;
– el motivo a comunicar (el incentivo y la conexión);
– el momento a comunicar (la oportunidad);
– los medios, canales a usar y el *mix* (la integración).

En la atención:

– el estilo, la forma de atender;
– el tono en la comunicación en el momento de la atención;
– el proceso;
– los pasos de la atención;
– los tiempos de la atención;
– el concepto de atención de la marca, sea de productos o servicios;
– las estrategias para la atención;
– la cereza que corona nuestro servicio;
– la huella que queremos imprimir para diferenciarnos;
– el tipo de relación con el cliente;
– la percepción de los consumidores.

Es la razón de haber logrado la preferencia.
Es la razón de lograr la fidelidad de los clientes.

Importancia de la segmentación

Una segmentación acertada nos permite definir segmentos como grupos homogéneos de consumidores, similares en cuanto a sus deseos, preferencias de compra, uso de productos, estilos de vida.

Principalmente, nos permite seleccionar el mercado meta, aquel grupo de clientes (elegido) que la empresa decide captar y satisfacer (realizándolo en forma más eficiente que la competencia), dirigiéndole un programa de marketing.

CUARTA PARTE

DESTILANDO LA ESENCIA

CAPÍTULO 3

POSICIONAMIENTO

Conceptos clave: posicionamiento, diferenciación, posición y enfoque

Para muchos, el posicionamiento es solo un elemento más de marketing, una estrategia aislada, un objetivo a lograr, enfoque que minimiza su verdadero aporte y valor.

Para Al Ries y Jack Trout, quienes revolucionaron la disciplina con este concepto, el posicionamiento no se refiere al producto, sino a lo que se hace con la mente de los probables clientes; o sea, cómo se ubica el producto en la mente de estos.

En *Positioning, the Battle for your Mind*, Ries y Trout dicen[1]:

> *El enfoque fundamental del posicionamiento no es crear algo nuevo y diferente, sino revincular las conexiones que ya existen en la mente.*

Desde mi concepto:

> *El posicionamiento, en todo su alcance y dimensión, es la pieza clave y fundamental para la definición de nuestro ADN, nuestra matriz como marca; es el paso previo de toda acción estratégica que marcará la pauta en la empresa, del producto, del servicio, de la atención al*

---

1. McGraw-Hill, New York, 2001.

cliente, de las comunicaciones corporativas, internas y externas, las relaciones públicas, de la publicidad, las ventas…

El posicionamiento es un arma poderosa, pero no es mágica, no actúa sola; requiere de una base estratégica y mucha acción, una buena gestión operativa e implementación.

La acción sola, sin el valioso aporte del posicionamiento, nos limita porque no evidencia nuestra esencia en nuestras acciones como marca.

¿Cómo puede una marca lograr una posición?

DIFERENCIÁNDOSE

Una **posición** es el espacio mental que gana una marca en la mente y el corazón de sus consumidores, considerando los elementos y las características importantes para estos, propias del producto o servicio, diferenciándose así de sus competidores.

La clave está en el enfoque, en palabras de Al Ries.

Bajo el mismo enfoque práctico, partiendo de la definición de marca, desarrollaremos el concepto de posicionamiento:

Es la idea que tiene el cliente, lo que percibe, siente y piensa sobre una marca (producto, servicio, organización o persona) como resultado de la información que recibe de su entorno mediante la comunicación, el boca a boca, la publicidad en diversos medios, los impactos positivos y negativos generados por la marca, sumado esto a la experiencia que el cliente ha tenido con la misma marca, mediante el consumo y/o su uso, asignándole en su mente y en su corazón un espacio (lo que definimos anteriormente como "posición").

¿Cómo nos posicionamos?

Para posicionarnos como organización, producto, servicio o persona, en un mercado frente a los competidores, podemos optar por distintos caminos, pero debemos primero profundizar en el conocimiento que tengamos sobre nuestro segmento de clientes objetivo y los competidores, para poder disponer de mejor calidad de información que nos asegure la mejor toma de decisiones.

> *Una empresa debe ubicarse en esa particular categoría de producto y/o servicio, dentro de ese específico rubro de negocio y dentro del sector en el cual participa en el mercado, y buscar un espacio único, mental y emocional, una **posición** en la que debe lograr ubicarse y de la cual apropiarse, en la mente del consumidor.*

Diferenciación

Es el elemento fundamental del posicionamiento, y su función consiste en encontrar el o los elementos diferenciadores de la marca para desarrollar un *enfoque único* que aporte una ventaja competitiva frente a los competidores.

Una **marca de productos** puede diferenciarse sobre la base de una gran cantidad de elementos: la forma de sus productos, el empaque, el color, el estilo, su diseño, su desempeño, su nombre, la duración, la confianza, la calidad, sus elementos visuales, la cobertura, la postventa, la atención, la garantía, entre muchos otros.

Una **marca de servicios** puede apelar como elementos diferenciadores a la atención, la simplicidad, la cortesía, la velocidad de respuesta y de entrega, la instalación, la asesoría, la credibilidad, la calidad de su personal, el mantenimiento, el estilo de comunicación, su canal de distribución, entre otros.

Una **organización**, empresa o institución puede diferenciarse por su imagen, su visión, sus valores, sus políticas, sus procesos, sus líderes, su personal, el profesionalismo de su gente, sus uniformes, la confianza que genera, su aporte a la comunidad, sus programas, sus actividades, las causas que apoya, los organismos con los que se relaciona, su cercanía a la tecnología, su infraestructura, entre muchos otros factores.

Pero tanto para la marca de productos o servicios como para la marca corporativa, esos elementos diferenciadores deben ser significativos para los clientes que hemos decidido atender y a los que decidimos dirigirnos, agrupados dentro de un particular segmento objetivo.

Pasos para posicionarse

1. Seleccionar, enfocarnos y concentrarnos en un *segmento* de clientes al cual satisfacer, basados en los siguientes criterios:
   a. tener la capacidad de hacerlo de forma más eficiente que las marcas competidoras (por nuestra capacidad, infraestructura, conocimiento de los clientes, recursos, alguna ventaja competitiva, etc.);
   b. el tamaño del segmento de mercado a atender nos dará la suficiente rentabilidad;
   c. podremos mantener la promesa en el tiempo.

2. Ubicarnos en una *categoría* de producto y/o servicio dentro de ese particular *rubro* y *sector* en el cual participamos en el mercado frente a otras marcas competidoras.

3. Elegir aquellas *características* que el segmento de clientes seleccionado valora en esa particular cate-

goría de producto y/o servicio y relacionar dichas características con las marcas existentes en el mercado, incluyendo la propia, comparándolas en cuanto a las *posiciones* que ocupan y la *percepción* que el consumidor tiene de estas.

4. Desarrollar nuestro propio concepto de marca elegido, de las características encontradas (paso 3), las que realmente son valoradas por el segmento de clientes seleccionado; es decir, aquellas características que nos lleven a dotar a nuestra marca de uno o varios atributos o beneficios que nos *identifiquen* y *diferencien*, permitiéndonos crear una *promesa* de marca que podamos cumplir.

5. Desarrollar la ventaja diferencial única y competitiva, mediante la cuidadosa *selección del atributo y beneficio*, que consolide nuestra promesa de marca, desarrollada en la matriz de posicionamiento (desde la página 104 y específicamente en la 138).
   a. identificar el *atributo que se destaque* (elemento tangible) de nuestro producto/servicio, que se pueda mantener a través del tiempo porque forma parte de su concepto y de la promesa de marca;
   b. identificar el *beneficio que se evidencie* (elemento generalmente intangible) relacionado con ese atributo de nuestro producto/servicio, que se pueda mantener a través del tiempo porque forma parte de su concepto y de la promesa de marca.

6. Apropiarnos de la *ventaja diferencial única y competitiva* como marca ante los competidores, haciendo tangible esta marca.

7. Seleccionar un *nombre* que represente el concepto de marca.

8. Desarrollar los *elementos sensoriales* que correspondan según el caso, sea producto o servicio, con los cuales *se asociará nuestro concepto de marca,* y que deberán imprimirse en la mente de los consumidores en forma de *identidad sensorial,* desarrollando las diferentes dimensiones que definen la marca según aplique a la categoría:

   a. **verbal** (nombre, palabras, lemas, frases verbalizadas);
   b. **visual** (isotipo, logotipo, símbolos, colores, tipografía, grafismos, tipo de letras, elementos a los que se asociará);
   c. **auditiva** (textos, sonidos, musicalización);
   d. **olfativa** (olores vinculados a su concepto);
   e. **táctiles** (texturas asociadas a la marca);
   f. **gustativa** (sabores asociados);
   g. **emocional** (desde los recuerdos).

9. Desarrollar las *vivencias y experiencias* que ofrece la marca dentro de esa categoría de producto o servicio que ha sido definida, usando los elementos sensoriales anteriormente elegidos.

10. Vincular la *satisfacción* de la necesidad específica con las *conexiones emocionales* (estímulo-disparador) relacionadas, que represente la marca dentro de la categoría de producto o servicio.

Uno de los posibles errores, después de lograr la identificación del segmento de mercado al desarrollar una marca, es que dejemos abiertas las posibilidades para que otras marcas competidoras la asocien con su nombre, por eso es de vital importancia asegurarnos de que estamos relacionando nuestro *concepto de marca* con el *nombre* que la representa asegurándonos que nos hemos apropiado del mismo, antes de iniciar cualquier acción para promoverla y difundirla a través de diversos medios de comunicación y publicidad.

11. Comunicarlo y publicitarlo.
    Comunicar al segmento objetivo de clientes las ventajas de la marca, posicionándola con acciones de comunicación, relaciones públicas y publicidad, tomando como base el enunciado de posicionamiento y la matriz desarrolladas más adelante.

12. Analizarlo y medirlo.
    Retroalimentar periódicamente.

13. Alinearlo de acuerdo con las expectativas de los clientes, la evolución del mercado, la tecnología, nuevas tendencias, la participación de antiguos y nuevos competidores a través del tiempo y otras variables que la afecten.

Estrategias

La estrategia *dependerá de la situación que la marca atraviesa* en ese particular *momento*, para tomar la mejor decisión sobre problemáticas como: pérdida del mercado, ingreso de un nuevo competidor, falta de claridad en el concepto de producto, no cumplimiento de la promesa, pobre diferenciación, baja percepción de valor recibido, dificultades en los canales y la distribución, contenido del mensaje, campañas publicitarias desalineadas del posicionamiento de marca, precio, etc.
Podemos optar por posicionarnos mediante diversas estrategias; optar por una u otra dependerá de la situación que encontremos en el preciso momento por el que atraviesa la marca del producto o servicio frente a la competencia, en el mercado.

Se puede elegir entre un sinnúmero de estrategias (algunas de las más usadas), como:

- **Encontrar un espacio vacío**
  (no es de nadie).

- **Apropiarse de una posición**
  (antes era de otra marca).

- **Posicionarse en lugar del competidor**
  (hoy es de otra marca).

- **Reformular el concepto para reposicionarnos**
  (innovar, evolucionar).

- **Desarrollar un nuevo espacio**
  (crear nuestro *océano azul*).

Particularmente, pienso que la estrategia de desarrollar un nuevo espacio, una nueva categoría cuya definición haga difícil la competencia y la participación de competidores, pudiendo satisfacer la demanda de los clientes desde una categoría diferente con un posicionamiento distinto puede ser aplicable a muchas situaciones de marca.

Para visualizarlo, partiendo del ejemplo de los cajones de madera que usamos en capítulos anteriores para graficar cómo procesamos la información, podemos imaginar (de acuerdo con la imagen que se asocie más con nuestro proceso mental) que *ordenamos una categoría de productos/ servicios* específica, en cajones de una cómoda, en carpetas que creamos para guardar documentos, o en una biblioteca, un archivador, una repisa con libros clasificados, un armario de ropa, una lista, una escalera, dentro de los cuales se señala con *etiquetas* cada *atributo* importante para esta categoría, y junto a esta se ubica el nombre de una marca.

Por ejemplo, si hablamos de la categoría de producto pizzas, las características importantes pueden ser:

- el sabor,
- la variedad,

- el grosor de la masa,
- la calidad de sus ingredientes,
- si es *light*,
- la velocidad del *delivery*,
- entre otras más.

El consumidor le asignará de manera individual una puntuación a las características relevantes para él, y en función de estas las asociará al concepto de marca (nombre de marca) que represente su mejor opción, los atributos que le interesen y los beneficios que lo seduzcan.

Reflexiones y recomendaciones

Es importante posicionarnos y vigilar nuestro posicionamiento basados en las expectativas de los consumidores (que varían y evolucionan en el tiempo).

Tenemos que dotar a nuestra marca de las características valoradas por el consumidor y renovarlas de acuerdo con la expectativa de los clientes cuando sea pertinente, para darle vigencia.

Debemos desarrollar una ventaja competitiva que nos diferencie de los competidores en esa particular categoría de producto y/o servicio (por ejemplo, galletas integrales), en ese particular rubro (ejemplo, alimentos) o sector (consumo masivo) del cual participa la empresa y/o la marca en el mercado.

La comunicación y la publicidad que se desarrollan para una marca deben estar enmarcadas dentro de la visión estratégica del posicionamiento del Plan de Marketing.

Un plan de comunicaciones de una marca y/o de una organización, realizado sin el aporte estratégico del marketing, puede descuidar el estilo comunicacional de esa marca u empresa, descuidar las formas y desalinearse de su visión, de su misión, de sus valores, olvidar en lo que cree, desestimar su posicionamiento en los mensajes a comunicar y en los medios seleccionados, y descuidar así su identidad, apartándose de la imagen de marca corporativa que se desea proyectar, desposicionándose.

Por su parte, la publicidad de una marca o empresa, desarrollada sin los elementos estratégicos de marketing, puede alejarse de su posicionamiento, dejando volar la creatividad de la agencia de publicidad y apelar a recursos publicitarios y a elementos sensoriales que no representan el concepto de la marca misma, confundiendo al consumidor, sin lograr ningún efecto, también desposicionándose.

La relación entre el enunciado y la matriz de posicionamiento

Tanto el desarrollo del *enunciado simple del posicionamiento*, así como de la *matriz de posicionamiento* de una marca (propuesta y desarrollada desde la página 115), son prácticas herramientas de marketing que nos ayudan a desarrollar metodológicamente los elementos que definen de forma estratégica a una marca, sea esta de un producto, un servicio, una empresa, organización o persona.

El *enunciado de posicionamiento* se desprende del desarrollo de la *matriz de posicionamiento*. Es indispensable que esta matriz sea desarrollada por un profesional de marketing antes de dar algún paso o realizar alguna acción referida a la gestión estratégica de la empresa, al producto o servicio, a la imagen corporativa, las comunicaciones, las relaciones públicas, la publicidad, la distribución, la atención al cliente, entre otras áreas, más aún si está de por medio el presupuesto.

Puede desarrollarse con parámetros muy básicos, desde redactar de manera sencilla el *enunciado de posicionamiento* de la marca, o desarrollarlo desde una *matriz* más sofisticada, de varias dimensiones, para construir una forma estructurada: diagrama, esquema o planograma, según la preferencia de cada quien, como lo veremos más adelante.

Conviene en esta etapa definir en qué sector empresarial, en qué rubro y negocio estamos, en qué categoría de producto o servicio se ubica nuestra propuesta.

Independientemente de si satisfacemos con nuestro producto o servicio la demanda de una categoría en particular, es importante pensar muy bien si redefinimos la categoría donde nos encontramos o inventamos una nueva categoría para competir solos en nuestro *océano azul*; es decir, ubicarnos como los primeros en esa categoría, idealmente sin competidores –o pocos–, satisfaciendo la misma demanda.

En términos generales, mi recomendación es desarrollar primero la matriz para luego desarrollar el enunciado, pero a los efectos didácticos iniciaremos con lo más simple: la descripción de las partes del *enunciado de posicionamiento* de la marca donde se deben determinar con claridad los elementos que lo componen:

- **el nombre de la marca**;
- **la frase que ubica a la marca** como la primera, la mejor, la más... (rendidora, luminosa, compacta, delgada, suave...); por lo general son adjetivos que verbalicen su diferencial;
- **la definición de la categoría** del producto o servicio a desarrollar;
- **el segmento** seleccionado de clientes;
- **el target** o subsegmento de clientes seleccionado del segmento mayor (segmento más pequeño definido por lo que busca de la categoría; seguido por:
- **el beneficio** que la marca aporta y la necesidad que resuelve;
- **la esencia** que define a la marca, su personalidad; y
- **los atributos** de esta que son intrínsecos y diferenciales.

En esta definición, tomemos en cuenta cuáles son los atributos y cuáles los beneficios. Los *atributos* son generalmente elementos tangibles del producto-marca, lo que es inherente a la misma y que además la hace diferente, como podría ser el empaque, el diseño, el servicio, el rendimiento, la capacidad, la forma y el tamaño. Los *beneficios* son los elementos en su generalidad intangibles que aporta al cliente, consumidor, usuario que la usa y la consume, resolviendo una necesidad; por ejemplo: refresca más rápido, rinde más lavadas, dura más tiempo… Y la *esencia* está referida más bien a elementos *de la personalidad de la marca*, que se determina con adjetivos para calificarla, por ejemplo: jovial, moderna, profesional, deportiva…, como podemos ver en el siguiente gráfico.

Esencia = Identidad/Personalidad

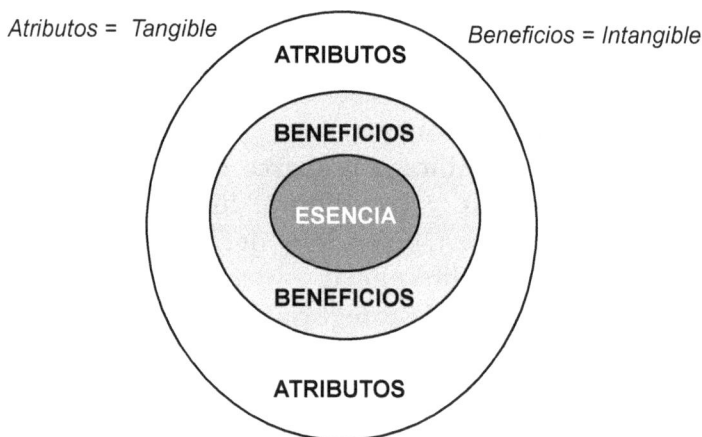

Atributos = Tangible   Beneficios = Intangible

ATRIBUTOS

BENEFICIOS

ESENCIA

BENEFICIOS

ATRIBUTOS

Lo importante de este tipo de esquemas, es que el lector puede crear uno –propio– donde interrelacione elementos que le den significado a cada concepto; por ejemplo vincular los aspectos físicos con las *características tangibles* que percibimos del producto-marca, y las *características funcionales* con el cumplimiento de la función propia del producto-marca, para la cual fue creada. Y lo *emocional* se refiere a los aspectos relacionados con los sentimientos y emociones que la marca genera y a los que se la asocia y vincula.

Enunciado de posicionamiento de una marca

El *enunciado de posicionamiento* es la promesa, que plasma en sí la esencia de la marca, la estrategia de base, sin duda el aspecto más importante y *punto de partida de la estrategia.* Es una frase simple, una fórmula clave compuesta de palabras cuidadosamente articuladas. Expresa de manera condensada el enfoque que se utiliza para el desarrollo del Plan de Marketing (estratégico y táctico), del cual se desprenderán las actividades, recursos y presupuesto que sustentarán el plan.

Detrás del desarrollo de este enunciado hay un enorme esfuerzo y trabajo realizado que supone haber desarrollado una previa y minuciosa labor de investigación volcada en la *matriz de posicionamiento,* como lo señalamos al inicio del libro, en los términos que se prefiera, con técnicas de investigación convencionales o técnicas nuevas, pero lo más importante integrando los resultados obtenidos de los estudios para contar con información de calidad sobre nuestro mercado, competidores, consumidores, clientes, productos, servicios; todo lo cual que nos permita tomar las mejores decisiones.

El profesional de marketing es quien está llamado a dirigir este aspecto tan importante y fundamental en una empresa, pues esta función implica tener conocimientos especializados, dominar cierta terminología, conocer en profundidad a los consumidores y clientes. Y tener la capacidad y la experiencia para extraer, sintetizar y priorizar la información del mercado, sea de productos o de servicios, para desarrollar la estrategia y determinar el criterio de enfoque que aplicará al enunciado textual de posicionamiento "deseado". La estrategia debe fluir a través del Plan de Marketing.

El enunciado debe declarar el nombre de la marca, decidir su ubicación frente a las marcas competidoras, definir en qué categoría competirá, a qué segmento de mercado y target específico se dirigirá y atenderá, describiendo el beneficio fundamental que proveerá al cliente/usuario/consumidor al resolver el problema o necesidad con su marca, además de resaltar su esencia, su personalidad, describiéndola con adjetivos, como lo haríamos con un amigo cercano; y finalmente detallar los atributos de la marca, especialmente aquellos que aporten una diferencia.

El nombre de la marca es, en definitiva, el primer tema estratégico a desarrollar en este punto; decidir cuál nombre nos representará es el primer paso que debemos dar.

Los tiempos han cambiado y no necesariamente todo lo que funcionó en el pasado funciona hoy, pero para darnos una idea de las diversas fuentes a partir de las cuales puede crearse el nombre de una marca, veamos ejemplos relativos al origen de nombres de marcas mundialmente reconocidas a nivel mundial, cuyas historias pueden encontrar también en internet.

Google
Quiso basarse en el término *googol* (palabra con que el matemático Eduard Kasner definió el número 10 elevado a 100: un uno seguido de cien ceros). Pero por un error al escribirlo quedó registrado como "Google".

Coca-Cola
Nace del concepto de ser una bebida no alcohólica elaborada a partir de hojas de coca y de extracto de nuez de cola; de allí surge su nombre.

Apple
Rompió el diseño tradicional visual de su categoría; su creador toma el nombre de esta fruta (manzana), por la casa discográfica de los Beatles del mismo nombre.

Nike
En la mitología griega, era la diosa de la victoria, imagen que se alineaba con el espíritu deportista y competitivo de la empresa.

Adidas
Su fundador, Adolf Dassler, le dio las tres primeras letras de su nombre acortado (Adi) y sumó las tres primeras de su apellido (Das).

Sony
El presidente de la compañía, Akio Morita, creó este nombre basándose en la palabra latina *sonus* (sonido) y en la canción *Sonny boy*.

Ray-Ban
Juego de palabras que significa en inglés algo así como "impide el paso a los rayos" (parte de la promesa de la marca).

eBay
Basó su nombre en East Bay, uno de los distritos de San Francisco.

LG
Nace de la combinación de dos marcas populares en Corea, Lak-Hui, pronunciada *Lucky* (en inglés) y *Goldstar*, los primeros en producir una radio. El resultado, Lucky-Goldstar.

Mango
Su creador buscaba una marca fácil de recordar y que sonara igual en diversos idiomas. Recordó un viaje en el que había probado el mango, fruta dulce que lo marcó.

Toyota
Kiichiro Toyoda, su creador, cambia la "d" de su apellido por una "t", para facilitar su pronunciación.

Mattel
Es la unión de los nombres de sus fundadores: Harold "Matt" Matson y Elliot Handler.

Starbucks
Se inspiró en la novela de Herman Melville, *Moby Dick*, en la que uno de los personajes se llama Starbuck.

Kodak
Su fundador buscaba un nombre con "K"; después de un gran número de combinaciones, el resultado elegido fue Kodak.

Marco Aldany
Nace de la combinación de los nombres de sus fundadores: Marcos, Alejandro y Daniel, que además son hermanos.

Intel
Abreviatura de *Integrated Electronics*.

IBM
Su creador quiso opacar a su antiguo empleador (National Cash Register), y llamó a su compañía International Business Machines (IBM).

Nokia
Llamada así por un pequeño pueblo de Finlandia.

Oracle
Sus creadores, que eran asesores de un proyecto, le pusieron a este un nombre en código: Oracle. Al concluirlo, conservaron el nombre para su propia compañía.

Royal Dutch Shell
La empresa fue creada para vender conchas marinas orientales como piezas de decoración. Al pasar los años, sus directivos pensaron que había un mercado para comercializar petróleo.

Podemos tratar de simplificar parte del complicado y a veces inexacto proceso que lleva al enunciado de posicionamiento, y poner a disposición de los lectores una serie de pasos que les posibiliten hacer sus propias formulaciones para desarrollar sus enunciados de posicionamiento.

Una forma práctica de desarrollar el enunciado de posicionamiento es completar las líneas que integran los elementos básicos para una definición simple:

Mi marca *(nombre de marca)*
es la mejor / la primera / la única / la más...
(frase que la ubica frente a su competencia)
+ *(definición de categoría donde competimos)*
para *(definición del segmento de clientes)*
que *(definición del target)*
porque *(el beneficio)* + *(la esencia)*
con *(los atributos diferenciales),*
por los que se destaca.

Esta fórmula es la que he usado a lo largo de los años. Inició (en su forma original) con un ejemplo simple que encontré en alguna separata de algún curso de esta especialidad, en algún libro de texto encontrarán similares en diversos blogs y sitios en internet. Para mí reflejan la integración de los conceptos de: USP (propuesta única de valor de Reeves que resalta el beneficio funcional), y posicionamiento (que resalta la posición, el atributo y su diferencial de Trout & Ries). Con el tiempo, a través de prueba y error en diversas categorías y marcas, la he desarrollado con mayor detalle, como veremos a continuación.

Para llevarlo a la práctica, tomemos como ejemplos las siguientes categorías de productos y servicios:

bebida hidratante
pizza
zapatillas urbanas
camioneta 4x4
seguros de viajes

El **primer paso** es escribir el *nombre de la marca*, del producto o servicio (de las categorías que señalamos), en el espacio correspondiente, como inicio del enunciado.

1. <u>Mi marca…</u> *(nombre de la marca)*

La selección del nombre que llevará el producto o servicio, es decir, la marca, es quizá uno de los aspectos más importantes de este proceso.

Es uno de los elementos que constituirán la estrategia. Como ya hemos visto, algunas de las marcas más exitosas a nivel mundial nacieron de *una historia*, se inspiraron en el nombre de una novela, un ingrediente, la combinación de nombres de sus creadores, una palabra que significaba algo especial para sus fundadores, un valor diferencial propio de la marca, o surgieron tras la búsqueda de un nombre que les otorgara una ventaja frente al competidor.

Veamos algunos ejemplos de marcas que he inventado y creados para usarlos en la explicación de este concepto, con cinco nuevas marcas:

Hever
Natural Pizza
XD
Roggera
Fly 5

El nombre debe implicar, con preferencia, cierta connotación y buen desempeño en relación con la categoría donde trabajemos; debe ayudarnos a lograr una posición y abrirnos camino para ganar nuestro propio espacio.

El nombre que se convertirá en nuestra marca, va mucho más allá de cómo deseemos que se la vea y sea percibida, sobre todo, importa lo que el cliente y consumidor perciba cuando lo expongamos ante él.

La importancia de la marca sigue hoy más vigente que nunca, y radica en que ante un mundo saturado de publicidad en esta diversidad de medios, nos identifiquen con rapidez ante un mercado de muchos competidores, pero que nos ubiquen estratégicamente en un espacio (mental y emocional) en el cual podamos competir mejor y tener una mejor performance que el resto, que no necesariamente implica ser los mejores en todo.

Necesitamos, a partir de la marca, desarrollar las estrategias para ser considerados como la primera opción en el proceso de decisión y selección del cliente.

El **segundo paso** es describirla en una palabra-frase, ubicarla frente a su competencia:

– **es el/la** *(frase que la ubica frente a su competencia)*

2. La mejor / la primera / la única / la más...

El **tercer paso** es definir la categoría de producto o servicio *(definición de la categoría de producto/servicio),* continuando con los cinco ejemplos:

3.
1. bebida hidratante
2. pizza
3. zapatillas urbanas
4. camioneta 4x4
5. seguro de viajes

El **cuarto paso** es definir el segmento general seleccionado al que se dirige la marca:

– **para** *(el segmento seleccionado)*

4.
1. hombres
2. hombres y mujeres
3. adolescentes
4. deportistas
5. familias en general

El **quinto paso**, es referirse al target específico, que lo describa dentro del segmento:

– que hacen… que son… que usan… buscan…
(target específico del segmento)

5. 1. practican deportes
2. gustan de lo saludable y natural
3. prefieren la comodidad al caminar
4. son amantes de la aventura, los largos viajes,
   y están preocupados por su salud
5. viajan con frecuencia

El **sexto paso** es describir brevemente el porqué del beneficio fundamental: referido al desempeño del producto-marca en sí:

– porque *(beneficio)*

6. 1. sacia la sed y se absorbe dos veces más rápido que el agua
2. es 100% nutritiva
3. mantiene descansada y fresca la planta del pie por más
   tiempo
4. supera al100% el confort y la oxigenación durante el viaje
   que cualquier otro vehículo
5. trae garantía de ejecución a las 24 horas

El **séptimo paso** es describir su personalidad, las características que la definen:

– es *(personalidad)*

7. 1. joven, alegre, práctica
2. informal y natural
3. ligera, fresca, informal
4. aventurera y ecológica
5. infalible y veloz

El **octavo paso** es describir, precisar los atributos propios, intrínsecos de la marca, que la diferencian de las demás:

– **con** / **y** / **por** / **a** / **donde** + *(atributos)*

8.
1. *con* sabores nacionales, novedosas y útiles presentaciones para diversos usos
2. *por* su inigualable masa integral con ingredientes orgánicos
3. *por* su tecnología "el pie respira"
4. *por* su diseño ergonómico interior y único con sistema patentado de aire ozonizado 24x7
5. *a* su sola llamada un agente le llevará el monto asegurado

Matriz básica de posicionamiento

La *matriz básica de posicionamiento* es la herramienta central de la cual se desprenderán todos los posteriores desarrollos que competen a la marca, incluso el *enunciado de posicionamiento*.

Gestión estratégica de la marca

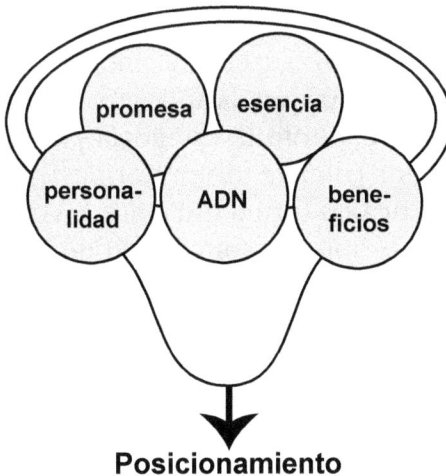

Posicionamiento

Se utiliza para todo tipo de marcas: de productos, de servicios, marcas corporativas, de organizaciones, empresas e instituciones…, así como para el desarrollo de la marca personal.

Es importante implementar un esquema base, una tabla donde se ordenen y estructuren todas las ideas sobre la marca a trabajar, definiendo claramente los elementos que la componen y determinan; de esta manera lograremos un trabajo profesional para la gestión de marca.

Para la marca corporativa, tanto la *marca externa* (de cara a los clientes) como la *marca interna* (de cara a los empleados y colaboradores) deberían dirigir sus posicionamientos a sus públicos objetivos –y, además, deben estar alineados entre sí–.

Para una tangibilización más definida y orientada a cada público objetivo, sería importante redactar, luego del desarrollo de esta matriz para la marca corporativa, dos enunciados relacionados pero independientes, uno para el cliente externo (consumidores, usuarios de la marca) y otro para el cliente interno (empleados y colaboradores).

A continuación se exhibe un ejemplo que apunta a simplificar lo que hasta ahora se ha explicado sobre posicionamiento, facilitándole al lector, esquemáticamente, la información que debe desarrollar en un modelo de tabla-matriz de varios niveles, para que pueda aplicarla a su propia marca.

Se utiliza como ejemplo la categoría *pizza* que usamos en el punto anterior (una de mis preferidas), y a los efectos de llevar a la práctica en forma didáctica los conceptos que hemos visto en la propuesta conceptual de la marca **Natural Pizza** una nueva marca creada, para usarla de ejemplo y que puedan desarrollar su propia tabla de contenido con amplia información de los elementos que compondrán su posicionamiento de marca, y que permitirá desplegar de una manera más asertiva, paso a paso y su enunciado de posicionamiento.

Paso 1: tabla-matriz de elementos para el posicionamiento

La *tabla-matriz* **(que propongo y desarrollo)** consta de tres columnas que contienen;

A) Las secciones.
B) La descripción de cada una de ellas.
C) El desarrollo que se debe hacer al aplicarla a cada marca.

Dentro de las secciones se describirán aspectos de la marca relacionados con:

1. **El mercado**: describir su mercado, su segmento de clientes objetivo, la categoría en la que compite, la identificación de los competidores y sus marcas, uno por uno.
2. **La marca**: iniciar con el nombre de la marca, y analizar lo que está involucrado en su concepto, su historia, origen, colores, palabras asociadas; hablar de su beneficio, atributos y diferencial.
3. **Desempeño**: cómo cumple su promesa.
4. **Identidad sensorial**: verbal, visual, auditiva…
5. **Identidad emocional**: sentimientos, recuerdos asociados.
6. **Valores** en los que cree y defiende la marca.
7. **Personalidad**: características que marcan su actuar, pensar, sentir; su manera de ser.
8. **Experiencia del cliente**: tangibilizar la promesa de la marca en la experiencia del cliente.
9. **Identidad - experiencia**: tangibilizar la promesa en la experiencia de la marca que tiene el cliente interno. Desarrollemos el ejemplo, Natural Pizza:

Secciones (A)	Descripción (B)	Desarrollar (C)
(1) Mercado		**Espacio a completar**
Segmento – Objetivo	Al que se dirige; detallarlo tratando de diferenciar su segmento respecto del competidor	Hombres y mujeres que gustan de lo natural y saludable
Categoría	En la que opera; describirlo	Pizza natural y *light*
Competidores	A,B,C,D: puntualizar, numerar las marcas competidoras	A, B, C, D
Su marca	Su nombre de marca	Natural Pizza
(2) Marca		
Nombre	"XXXX"	**Natural Pizza**
Concepto	Historia, origen, logo, color, forma, lenguaje, imágenes	Un grupo de jóvenes amantes de la pizza, la vida saludable, la ecología, lo natural, las causas verdes, decidieron crear un concepto nuevo de pizza que fuera en línea con su estilo de vida y representara la opción saludable dentro de la categoría pizza; y además se identificara por rescatar lo auténtico y natural de las personas
Beneficio	Problema que resuelve	Es 100% nutritiva, se alinea el concepto de la categoría (pizza) con el estilo de vida saludable, alimentación saludable en pizza
Atributo	Características intrínsecas de la marca	Masa integral, ingredientes 100% orgánicos
Diferencial	Lo que la diferencia de las otras marcas competidoras puede ser un **atributo**, el **beneficio**, ambas **características** propias que otras no tienen y por las cuales se diferencia	**Beneficio:** la pizza nutritiva **Atributo:** la única de masa integral, la única con ingredientes orgánicos **Características:** presentaciones originales; cono, octogonal…
(3) Desempeño		
	A qué nivel cumple la funcionalidad, calidad	Cumple al 100%. Inigualable, de la más alta calidad

Secciones (A)	Descripción (B)	Desarrollar (C)
(4) Identidad sensorial		**Espacio a completar**
Verbal	Palabras, frases, lemas...	Es la mejor pizza. Su inigualable masa integral e ingredientes 100% orgánicos aseguran la más alta calidad
Visual	Logotipo, isotipo, letra, formas, colores, símbolos, imágenes	Simple, letra relajada, colores rojo, verde, blanco y turquesa, símbolos de paz, integración, unión
Auditivo	Sonido, melodías, canciones, musicalización	Melodiosos y modernos, con instrumentos que apelen a los sentidos
Táctil	Texturas, temperatura	Hogareñas
Gustativa	Sabores	Sin límites
(5) Identidad emocional		
	Sentimientos con que se asocia, vincula, genera, desde los recuerdos...	La vida natural, naturaleza, campo, montañas, playa, amanecer, atardecer, lo puro y natural, los atractivos colores de las verduras, la selecta harina integral, queso más bajo en grasa, el bienestar que genera
(6) Valores de la marca		
	Valores en los que cree y por los que se rige la marca	Simplicidad Autenticidad Originalidad Transparencia Armonía Empatía Buen Humor Felicidad Humanidad Diversidad Calidad **Cree** en la ecología y las causas verdes ambientales, nuevas formas de generación de energía, el balance de vida, la medicina natural...
(7) Personalidad		
	Las características, actitudes, pensamientos que marcan o establecen su conducta, su actuar, pensar, sentir	Única, auténtica, simple, natural, informal, sin formatos establecidos ni falsas pretensiones, con sentido del humor, busca el bienestar, fiel a sí misma

Secciones (A)	Descripción (B)	Desarrollar (C)
(8) Experiencia para el cliente		**Espacio a completar**
	Tangibilización de la experiencia, uniendo los elementos de (1), (2), (3), (4), (5), (6), (7), sensoriales y emocionales. De la vivencia a la experiencia	Rescata lo auténtico, lo natural, los orígenes, el compartir con los amigos, la pareja, la familia (sin formato ni estructuras sociales, ni pretensiones), en todo momento, hora y ocasión por lo nutritiva y saludable. Es una marca que vive lo auténtico, lo informal, el relax. La **experiencia** pretende conectar la identidad de la marca con lo que quiere el segmento: ser natural. Apela a volver a lo natural, expresarse con naturalidad, ser natural, vivir natural, ser uno mismo...
(9) Identidad - Experiencia Cliente Interno		
	En este punto se debe convertir los aspectos que apliquen de (1), (2), (3), (4), (5), (6), (7) y (8) que sean más relevantes para que el colaborador, empleado de la organización, pueda identificarse con nuestra marca corporativa. Es conveniente definir: a) perfil de colaborador, b) la experiencia interna, y c) los valores internos	Perfil: amantes de la pizza, de la vida saludable, en favor de la ecología, las causas verdes, nuevas formas de generación de energía, lo orgánico, los deportes, el balance de vida; valora la calidad, el bienestar y lo natural.

La experiencia interna pretende evidenciar la identidad de la marca, rescatando lo auténtico del personal; propicia la igualdad, el bienestar, sin formatos establecidos ni falsas pretensiones sociales; fomenta la naturalidad, lo informal, volver a lo natural, expresarse naturalmente, ser natural, vivir natural, ser uno mismo, valorando el tiempo en familia de los colaboradores y su tiempo personal, desarrollando las condiciones para que el estilo interno sea el gran motor |

Secciones (A)	Descripción (B)	Desarrollar (C)
(9) Identidad - Experiencia Cliente Interno *(Continuación)*		Espacio a completar
		propulsor de avance, motivador que convierta a los talentos en adeptos de esta causa, para lograr como resultado la calidad esperada en los procesos, productos, servicios, el alto compromiso del personal, la lealtad, y lograr la mejor aproximación al ansiado equilibrio entre lo laboral y lo personal
		Valores internos: simpleza, autenticidad, originalidad, naturalidad, transparencia, armonía, empatía, positivismo, humanidad, diversidad, igualdad, integración, calidad, cumplimiento, respeto, solidaridad.

Cuando tenemos nuestra *tabla-matriz* desarrollada, es más fácil elaborar nuestro *enunciado de posicionamiento* y seleccionar las palabras que conformarán esta declaración.

Paso 2: enunciado de posicionamiento

Resumiendo lo mencionado en el apartado específico, el *enunciado de posicionamiento* es el extracto, aquella frase única que resume de manera articulada *la esencia* de la marca. Se inicia con el nombre en sí, la categoría en la que se ubica, seguido por el público objetivo, lo que busca o gusta, identifica a ese particular consumidor en esa categoría, para finalmente resaltar, en orden, los atributos, beneficios, la personalidad y los valores de la marca, que en conjunto hablan de su esencia.

Luego, para desarrollar nuestro *enunciado de posicionamiento,* procederemos a completar los espacios que corresponden del ejemplo siguiente, tomando la información más relevante de nuestra tabla-matriz anterior. El ejercicio consiste en pasar la vasta información desarrollada para nuestra marca en particular por un tamiz, seleccionando "las palabras" más significativas, que connoten aquello que exprese la esencia para *la formulación estratégica de nuestra marca.*

Y en el caso de que deseen reformular e incluir alguna característica (alguna palabra específica que aporte más precisión), es el momento de hacerlo.

Aplicando lo anteriormente explicado, desarrollemos el enunciado para **Natural Pizza**:

> **Mi marca** *(Natural Pizza)*
> **es la mejor** *(pizza natural -* light*)*
> **para** *(hombres, mujeres y niños)*
> **que** *(gustan y buscan alimentación natural y saludable)*
> **porque** *(es 100% nutritiva)*
> **gracias a** *(su inigualable masa integral e ingredientes orgánicos de la más alta calidad).*
> **Es** *(una marca auténtica, informal, que invita al relax, sin pretensiones, que valora y rescata volver a lo natural, expresarse con naturalidad, ser natural, vivir natural, ser uno mismo...)*

En el *enunciado de posicionamiento* de Natural Pizza podemos observar que se ha extraído la "esencia" del producto y su propuesta, seleccionado las palabras que logran capturar la expresión de la marca, priorizando las que transmitan su atractivo al público objetivo (segmento o grupo de clientes seleccionado).

Pero además, hay que recordar que este desarrollo debe realizarse teniendo presente que dicha declaración nos debe permitir competir con mayor eficacia y eficiencia en el mercado frente a las otras marcas competidoras de dicha categoría de producto y/o servicio.

Este proceso de formulación de la declaración hay que desarrollarlo una y otra vez, hasta que al leerlo y presentárselo *en demo* a nuestro segmento objetivo de clientes, conceptualmente se compruebe que esa promesa de marca nos pone en una posición ventajosa de preferencia.

El éxito en el mercado dependerá de la precisión con que llevemos este concepto a la práctica, cumpliendo la promesa de marca desarrollada, y que tangibilice todos sus aspectos: la marca (concepto, atributo, beneficio, diferencial), su desempeño, su identidad sensorial e identidad emocional, sus valores, su personalidad, y que se cumpla lo que proyecta en la experiencia del cliente, en el mercado, tanto en su comunicación y publicidad, lenguaje, tono y estilo a través de los medios seleccionados, así como lo largo del canal de distribución y los puntos de venta donde el consumidor lo adquiere, sean físicos u on line, *sin connotaciones o significados añadidos fuera del enunciado puntualmente determinado.*

Esta *frase-promesa* debe ser clara y fácil de entender para el perfil de clientes a los que nos dirigimos; de esta manera empezaremos a abrirnos un camino en el proceso mental de los clientes, al conquistar en su mente y corazón primero un lugar, y luego una posición frente a las demás marcas.

Con esta declaración, dejamos sentadas las bases para dirigirnos a nuestros *clientes* (en todo el sentido de la palabra): colaboradores o empleados (*clientes internos*), consumidores y usuarios de nuestra marca *(clientes externos),* para tomar decisiones estratégicas, desarrollar un acertado y alineado Plan de Marketing, y desarrollar las estrategias y las actividades que soportarán este plan.

Es claro que Natural Pizza es una marca para los amantes de la pizza, de la vida saludable, pro ecología, adherente a las causas ambientales, a las nuevas formas de generación de energía, lo orgánico, deportes, balance de vida, que valoran la calidad, el bienestar, lo natural.

La *experiencia interna* pretende evidenciar la identidad de la marca, rescatando lo auténtico del personal, propiciando la igualdad, el bienestar, sin formatos establecidos ni falsas pretensiones sociales; fomentar la naturalidad, lo informal, volver a lo natural, expresarse con naturalidad, ser natural, vivir natural, ser uno mismo; valorar el tiempo en familia y personal de los colaboradores; desarrollar las condiciones para que el estilo interno sea el gran motor propulsor de avance, motivador que convierta a los talentos en adeptos de esta causa, y así lograr como resultado la mejor calidad en los procesos, los productos, los servicios, con alto compromiso y lealtad del personal, y encarar la difícil labor de aproximarse al ansiado equilibrio entre lo laboral y lo personal.

Sus valores: naturalidad, simpleza, autenticidad, originalidad, calidad, cumplimiento, transparencia, igualdad, respeto, diversidad, integración, empatía, armonía, humanidad, solidaridad, positivismo,

Su personalidad: única, auténtica, simple, natural, informal, sin formatos establecidos ni falsas pretensiones, con sentido del humor; busca el bienestar, fiel a sí misma.

Aquí comparto otro ejemplo de una nueva marca de chocolates (otra de mis categorías preferidas), cuya declaración redacté como obsequio para un buen amigo con quien estudié la maestría, y quien hoy tiene su propia marca de chocolates:

Sofía

Es el mejor (chocolate orgánico-nutritivo)
para (hombres, mujeres y niños de toda edad)
que (gustan de lo natural, saludable y que buscan calidad con ese especial sabor que solo tiene el chocolate de verdad),

porque (es 100% orgánico y nutritivo)
gracias a (su inigualable formulación, hecho con granos
amazónicos de la selva de Perú de la más alta pureza
y calidad, que esconde en su receta el secreto de
Sofía).
Es (una marca que inicia una nueva categoría de
chocolate orgánico-nutritivo; es una marca original
con un toque de misterio, sinónimo de calidad,
fineza, elegancia y calidez; es admirada, da
prestigio).

Después de hacerlo una y otra vez, con la práctica, redactar un enunciado de posicionamiento será cada vez más sencillo.

Este es el encuadre que todo profesional a cargo de una marca corporativa, institucional, de productos, de servicios, o de su propia marca personal, debe desarrollar para delimitar y encuadrar el radio de acción al trabajar la estrategia.

Pero sobre todo para trabajar con empresas externas de investigación de mercado, de relaciones públicas, de comunicación, agencias de publicidad, medios convencionales, BTL y alternativos, digitales y on line, para asegurarnos de cuidar la marca en todo el proceso, para que no se pierda su verdadero sentir: al cuidar la estrategia de marca en la gestión de relacionamiento con clientes, en la ejecución del desarrollo de estudios, las comunicaciones, los mensajes a comunicar y publicitar en los diversos medios y campañas, cuidando su esencia.

QUINTA PARTE

SINCERANDO EL ALCANCE DEL POSICIONAMIENTO AL APLICARLO TRANSVERSALMENTE

CAPÍTULO 4

POSICIONAMIENTO TRANSVERSAL

El concepto de posicionamiento transversal

Para algunos quizá se sobreentienda lo que significa tangibilizar la promesa de la marca en la experiencia dentro de una organización, empresa, institución, es decir hacer real el concepto de posicionamiento. Pero si lo dejamos librado a las interpretaciones personales pueden quedar de lado temas importantes a la hora de *aterrizar* la promesa de marca en la experiencia y hasta podríamos terminar dejando la declaración en el papel, negándole la posibilidad de que nos aporte valor para llevarlo a la práctica y lograr una real experiencia.

El *posicionamiento transversal* es un concepto que propongo para vincular el posicionamiento de la marca corporativa, institucional, organizacional, expresado en el enunciado de posicionamiento, en un camino de arriba abajo desde la revisión de la visión y misión, acercando el posicionamiento corporativo a los diversos ámbitos y áreas de la empresa: recursos humanos, marketing, administración y finanzas, logística, comercial, tecnología y sistemas, entre otros, transversalmente, para su alineación en estas áreas a fin de lograr la coherencia en la identidad de marca interna e imagen externa. Se hace así más tangible su significado para los clientes de la empresa, tanto internos como externos.

Es recomendable plasmarlo mediante el diseño de un esquema (representación y exposición ordenada de puntos) o una matriz (estructura ordenada de filas y columnas), un molde con el cual se dé forma a posteriores ejercicios. Así, se facilita el traslado del concepto de posicionamiento corporativo a las diversas áreas de la empresa, para aplicar y hacer que sea evidente su esencia, sentir, cultura y propósito, mediante sus procesos, políticas, procedimientos internos, normas, etc., y dejar sentadas las bases para recrear la experiencia que debe vivir el empleado o colaborador, como marca interna, al trabajar en cada una de estas áreas y en la empresa, así como la experiencia que debe vivir el cliente al interactuar con las mismas áreas.

Ejemplo:
Enunciado de posicionamiento de marca corporativa: cliente externo

Mi marca corporativa (ABC)
es la mejor (empresa de consultoría en tecnologías de energía renovable)
para (empresas de todos los sectores)
que (buscan resultados a través de la calidad, conocimiento y profesionalismo)
porque (es una empresa que vive el ser verde)
gracias a (sus menores tiempos de respuesta y a las mejores soluciones integradas de energía renovable).
Es (una marca auténticamente ecológica, verde, defensora de las causas en pro del medio ambiente y de mejores prácticas para la conservación del planeta)

Este enunciado *delimita y enmarca*, nos da un sentido de definición. Mentalmente, responde al mercado donde nos ubicamos, en qué negocio estamos, a qué clientes nos dirigimos, personas, empresas; resume de qué manera siente y piensa la empresa –es decir, de qué forma se hacen las cosas, con qué valores se dirige a sus clientes–. En suma, las razones de ser diferente como organización o marca corporativa y las razones para ser preferida.

Posicionamiento, transversalidad y dimensiones

Para aplicar el posicionamiento transversal hay que determinar las dimensiones y su alcance, es decir la extensión hasta donde le compete abarcar y los ámbitos y lugares a donde debería aplicarse.

Primera dimensión: visión, misión, la marca corporativa y la marca interna

La **primera dimensión** nace de la definición de la misión y visión de la empresa. La interacción que deben tener estos conceptos debe fluir, y necesitan un vehículo para su tangibilización.

Entendiendo la definición de *visión* como la imagen a futuro de lo que aspiramos ser, el fin superior; por su lado, la *misión* está referida a nuestra actividad, lo que hacemos, que necesita tangibilizar la promesa de la marca en la experiencia de la organización en el presente, en el mercado actual, satisfaciendo una necesidad específica, en un sector empresarial determinado, con ciertos productos o servicios. Interrelacionando misión y visión, es decir, la mirada al futuro con el objetivo presente de la empresa, la *marca corporativa* se convierte en el vehículo natural que facilitará a la organización cumplir con esa misión.

Pero para que cumpla su función a través de este vehículo –el posicionamiento de marca– es necesario definirlo en términos del cliente al que está dirigido.

Ya lo hemos desarrollado para el cliente externo en

este mismo capítulo, con el "Enunciado de posicionamiento de marca corporativa", ahora necesitamos definirlo para el cliente interno.

Enunciado de posicionamiento de marca corporativa interna

Mi marca corporativa (ABC)
es la mejor (empresa de consultoría en tecnologías de energía renovable para trabajar)
para (profesionales de todos los sectores)
que (buscan calidad, conocimiento y profesionalismo laboral)
que (es una empresa que vive internamente el ser verde)
gracias a (sus procesos internos integrados, sus menores tiempos de respuesta,
y mejores prácticas laborales eco-sustentables de energías limpias).
Es (una marca auténticamente ecológica, que vive y promueve internamente lo verde, defensora de las causas en pro del medio ambiente y de mejores prácticas para la conservación del planeta).

Al desarrollar la **técnica del espejo**, describiendo y redactando el mismo enunciado de posicionamiento variando solo lo que compete al perfil del cliente interno y lo que le da el sentido de la marca interna, podemos tener una idea más clara de lo que debemos ajustar para que:

1) la definición de posicionamiento esté alineada;
2) esté dirigida al cliente (externo o interno); y
3) brinde un sentido de integración y unidad como marca.

Enunciado de posicionamiento: de marca

Mi marca corporativa (ABC) *es la mejor* (empresa de consultoría en tecnologías de energía renovable) *para* (empresas de todos los sectores) *que* (buscan resultados a través de la calidad, con conocimiento y profesionalismo) *porque* (es una empresa que vive el ser verde) *gracias a* (sus menores tiempos de respuesta y a las mejores soluciones integradas de energía renovable). *Es* (una marca auténticamente ecológica, verde, defensora de las causas en pro del medio ambiente y de mejores prácticas para la conservación del planeta).

Mi marca corporativa (ABC) *es la mejor* (empresa de consultoría en tecnologías de energía renovable para trabajar) *para* (profesionales de todos los sectores) *que* (buscan calidad, conocimiento y profesionalismo laboral) *porque* (es una empresa que vive internamente el ser verde) *gracias a* (sus procesos internos integrados, sus menores tiempos de respuesta, y mejores prácticas laborales eco-sustentables de energías limpias). *Es* (una marca auténticamente ecológica, que vive y promueve internamente lo verde, defensora de las causas en pro del medio ambiente y de mejores prácticas para la conservación del planeta).

Posicionamiento corporativo

Posicionamiento marca interna

Segunda dimensión: cliente interno, marca y áreas funcionales

En esta se tangibiliza la promesa de la marca en la experiencia del cliente interno y las áreas funcionales.

Antes de empezar a definir esta dimensión es importante entender la figura de lo que hoy denominamos cliente interno.

Sin pretender entrar en tecnicismos, es necesario que nos ubiquemos mentalmente y precisar algunas definiciones. Aunque hay opiniones diversas y opuestas respecto a la definición de cliente interno, podemos decir que el concepto trabajador, empleado, luego evoluciona a colaborador, y hoy se habla del cliente interno (al interior de la empresa), entendiéndose como cliente –en el amplio sentido de la palabra– aquel que tenemos que conocer y entender

133

para poder conectarnos mejor con él y tener mayor éxito al tratar de fidelizarlo a la marca-empresa, que en algunos ámbitos se denomina marca empleadora.

Si nos ceñimos a la definición comercial, el cliente nos paga por un producto o servicio y en este caso es la empresa la que le paga al empleado / colaborador / cliente interno por su servicio. Sigue habiendo un intercambio de "compra-venta" –por así decirlo–, pero en diferente sentido: la condición transaccional que se da con el cliente externo es distinta y para muchos es un tema polémico, pues si nos ceñimos a la definición convencional de cliente, donde "el cliente siempre tiene la razón", en ese caso el cliente es quien paga por el servicio, pero en este concepto sería la empresa quien le paga al colaborador.

Lo cierto es que podemos verlo desde varias ópticas. Pero lo fundamental es considerar que cliente interno (el colaborador, trabajador, empleado que trabaja en una empresa) debe ser el foco de atención, el eje central de todo este proceso. Más allá de cómo queramos llamarle, para efectos prácticos y didácticos en adelante será nuestro cliente interno.

La **segunda dimensión** se inicia con el reconocimiento de las áreas funcionales en la organización o empresa, independientemente de la estructura del organigrama; áreas como: recursos humanos, administración y finanzas, logística, marketing, comercial, tecnología y sistemas, entre otras, que son los equipos que, integrados, nos ayudarán, cada cual desde su función, a cumplir con los objetivos de la empresa, haciendo realidad la declaración o promesa de este enunciado de posicionamiento de marca corporativa para el cliente interno, estratégicamente desarrollado, haciéndolo tangible a través de la experiencia, en el día a día.

Cada área funcional contribuye desde su lugar en la empresa para que este enunciado se haga tangible en la experiencia del cliente interno, por medio de la alineación de procesos, procedimientos, políticas, normas, adoptando valores, personalidad, tono, estilo, alineados al *posicionamiento de la marca internamente.*

Tangibilizar la marca interna: procedimientos, políticas, normas...

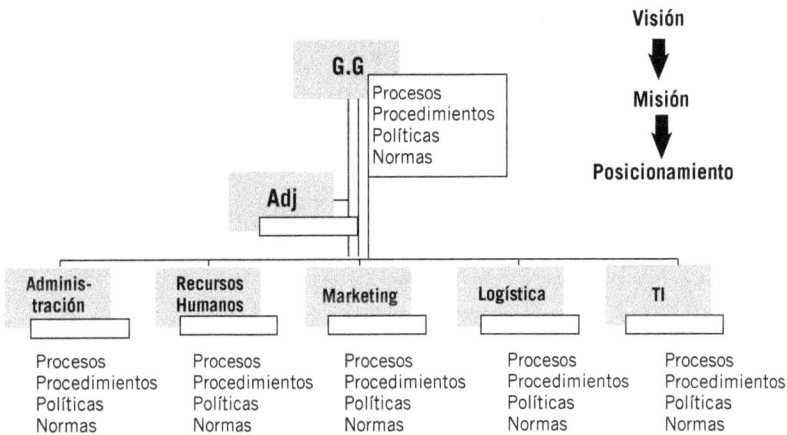

Es importante contar con la participación de los líderes que dirigen cada una de estas áreas en todo este proceso, quienes deberán colaborar y contribuir en la revisión de sus procedimientos, políticas, normas, prácticas (no escritas), costumbres establecidas, etc.

Para empresas en transformación o renovación, implica revisar uno por uno estos aspectos en sus áreas. Y ante la pregunta: *¿cumple o no con la declaración de posicionamiento de la marca?,* si la respuesta es positiva, correcto, la norma o el procedimiento queda confirmado, pero si es negativa, debe retirarse y debe modificarse hasta alinearse con el posicionamiento.

Para el caso de empresas que estén creándose y desarrollándose, será más fácil al empezar *desde cero,* pues sus procedimientos, políticas y normas, la práctica, la experiencia del día a día en todas sus áreas, se crearán tomando de base el enunciado de posicionamiento de su marca, y en torno a este desarrollarán su cultura, estrategias, la comunicación interna y todo lo demás.

Es en este punto donde el enunciado de posicionamiento de la marca corporativa se convierte en el "mandato estratégico de posicionamiento de la marca".

En esta instancia es fundamental contar con la colaboración y disposición de los líderes de todas las áreas; y más allá de esto, deben tener la convicción de que su estilo de liderazgo no debe opacar ni modificar este "mandato estratégico de posicionamiento de la marca" que contiene las bases para la cultura corporativa, que la empresa ha decidido establecer y desarrollar. Debe trasladarse a lo largo de toda la cadena de valor de la empresa, a todo nivel organizacional y en toda su extensión.

Tercera dimensión: cliente externo, marca, canales y medios

Recurrimos nuevamente a nuestro ejemplo de enunciado de posicionamiento de marca corporativa:

> **Mi marca corporativa** (ABC)
> **es la mejor** (empresa de consultoría en tecnologías de energía renovable)
> **para** (empresas de todos los sectores)
> **que** (buscan resultados a través de la calidad, conocimiento y profesionalismo)
> **porque** (es una empresa que vive el ser verde)
> **gracias a** (sus menores tiempos de respuesta y a las mejores soluciones integradas de energía renovable).
> **Es** (una marca auténticamente ecológica, verde, defensora de las causas en pro del medio ambiente y de mejores prácticas para la conservación del planeta).

Este enunciado debe ser llevado a la acción práctica, entregado, transferido, integrado y comunicado a través de:

A. Canales de distribución, puntos de venta

> **Mi marca corporativa** (ABC)
> **es la mejor** (empresa de consultoría en tecnologías de energía renovable)
> **para** (empresas de todos los sectores)
> **que** (buscan resultados a través de la calidad, conocimiento y profesionalismo)
> **porque** (es una empresa que vive el ser verde)
> **gracias a** (sus menores tiempos de respuesta y a las mejores soluciones integradas de energía renovable).
> **Es** (una marca auténticamente ecológica, verde, defensora de las causas en pro del medio ambiente y de mejores prácticas para la conservación del planeta).

B. Medios de comunicación y publicidad, físicos, digitales y on line

> **Mi marca corporativa** (ABC)
> **es la mejor** (empresa de consultoría en tecnologías de energía renovable)
> **para** (empresas de todos los sectores)
> **que** (buscan resultados a través de la calidad, conocimiento y profesionalismo)
> **porque** (es una empresa que vive el ser verde)
> **gracias a** (sus menores tiempos de respuesta y a las mejores soluciones integradas de energía renovable).
> **Es** (una marca auténticamente ecológica, verde, defensora de las causas en pro del medio ambiente y de mejores prácticas para la conservación del planeta).

Matriz de posicionamiento transversal

Tangibilizar la marca interna: procedimientos, políticas, normas...

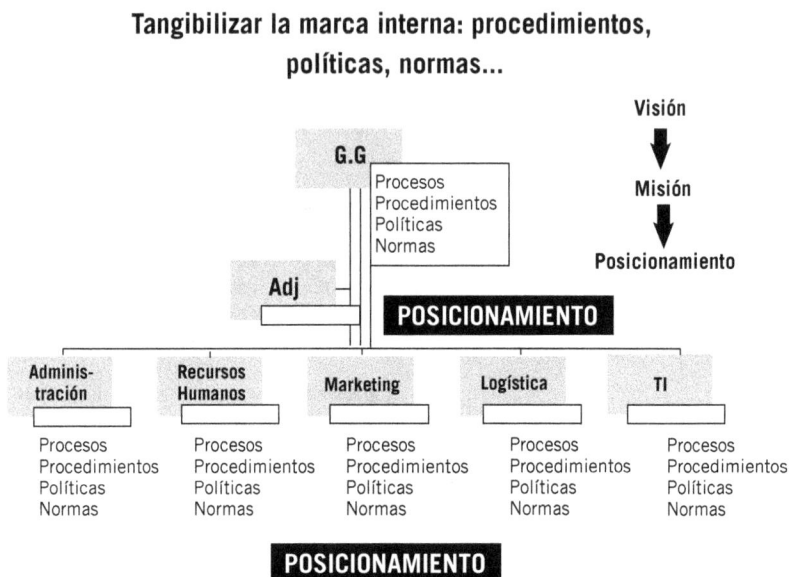

Para entrar al campo de la tangibilización del *concepto de posicionamiento de la marca interna* en el proceso interno en todas las áreas de la empresa, necesitamos trasladar nuestro enunciado de posicionamiento a cada área y aplicarlo nuevamente al campo de acción y de gestión de cada una de ellas.

Respondamos la siguiente pregunta:

¿Cómo podemos vincular y relacionar el concepto de posicionamiento de la marca interna con cada área?

Continuando con el mismo ejemplo anterior:

Mi marca corporativa (ABC)
*es la mejor (empresa de consultoría en tecnologías de energía renovable **para trabajar**),*
*para (**profesionales de todos los sectores**)*
*que (**buscan calidad, conocimiento y profesionalismo laboral**)*
que (es una empresa que vive internamente el ser

*verde) gracias a (sus procesos internos integrados, sus menores tiempos de respuesta, y a las mejores soluciones de energía renovable **y mejores prácticas laborales eco-sustentables de energías limpias).** Es (una marca auténticamente ecológica, **que vive y promueve internamente lo verde**, defensora de las causas en pro del medio ambiente y de mejores prácticas para la conservación del planeta).*

A continuación volcamos algunas sugerencias para *aterrizar* esto, área por área. El concepto de *posicionamiento de la marca interna* tiene una connotación particular en su aplicación para cada área, derivada de su función específica.

La pauta que les marca el posicionamiento debe aplicar de manera concreta el enunciado en sí mediante las prácticas de la gestión y la experiencia para el cliente interno al trabajar e interactuar en cada sector.

Para efectos prácticos, continuemos con el ejemplo de nuestra marca corporativa ABC:

- **Para la Gerencia General**
  El enunciado de posicionamiento aporta la base para el desarrollo o adecuación de los procesos, procedimientos establecidos, políticas generales, normas, el tono de la comunicación, el estilo de gestionar; todo lo cual debe reflejar claramente los valores, las creencias, las bases sobre las que descansa la cultura corporativa de la empresa: en qué cree y qué defiende.
  De acuerdo con el enunciado de ABC, el enfoque del gerente general debe apuntar hacia lo verde y pro medio ambiente, propiciando gestionar con calidad, conocimiento y profesionalismo, dirigiendo a sus áreas para lograr menores tiempos de respuesta y las mejores soluciones integradas de energía renovable, liderar con prácticas eco-sustentables de energías limpias.

Así, se establecen las bases para la gestión de la cultura corporativa, al brindar los lineamientos para desarrollarla, integrarla, sensibilizar, revisarla, venderla, medirla, fortalecerla internamente y decidir si la gestionará un comité integrado de varias áreas, como Marketing y Recursos Humanos, o solo una de estas áreas.

• **Para Recursos Humanos**

Implica el reto de atraer, cautivar y mantener a profesionales centrados en la calidad, el conocimiento y profesionalismo en su campo; debe promover una gestión eficiente (premiando el ahorro de tiempos y la integración).

Debe desarrollar programas que promuevan *vivir lo verde* al interior de la empresa, lo cual debe sentirse en la experiencia concreta al ingresar a la organización, en la comunicación interna, mediante el desarrollo de programas muy completos de responsabilidad social corporativa pro medio ambiente y conservación, así como por demostrando constantes mejoras en las prácticas laborales.

Implica desarrollar por ejemplo comités pro cultura corporativa que tengan por función: desarrollarla, revisarla, renovarla, fortalecerla, innovar; midiendo los grados de adopción de la cultura de parte de los colaboradores, así como realizar eventos que consoliden la cultura y que mejoren sustancialmente la experiencia de laborar en la empresa, sin importar el área que sea. Esto se logra a través de programas que reflejen ese posicionamiento "en las formas"; por ejemplo, en la bienvenida, el reconocimiento, la transferencia de cultura, en la articulación para poner en acción la práctica cultural mediante actividades y verdaderas activaciones internas.

- **Para Administración y Finanzas**
  Con respecto a esta área, que aparenta ser la más difícil de sensibilizar o aclimatar, dado que sus procesos aparentan ser los más rígidos, incluirla en estos procesos implica impregnar a sus colaboradores de *experiencia verde*, y superar sus niveles de eficiencia, buscando cómo vincular los valores de la marca a la práctica del área.

- **Para Logística y Operaciones**
  La tangibilización del posicionamiento, además de lo ya mencionado respecto de procedimientos y políticas, se centra en sus procesos alineados a la gestión eficiente, breves tiempos de respuesta, cuidadosa selección de compras y materiales que conserven el medio ambiente, de proveedores alineados con los valores verdes, etc.

- **Para Marketing**
  Quizá sea el área para la cual resulte más tangible la transferencia del enunciado. Absolutamente toda la definición debe ser bajada cuidadosamente al cliente externo (los clientes) y al cliente interno (colaboradores), para asegurar que conecte con los clientes en sus diversas dimensiones. El enfoque parte de *vivir ser verde*, gracias a la calidad, el conocimiento y el profesionalismo, logrando menores tiempos de respuesta y las mejores soluciones integradas de energía renovable. Es tal vez el área que debe velar porque se comprenda el concepto completo.
  Es indispensable su aporte y contribución al área de Recursos Humanos para la aplicación del posicionamiento al ámbito interno.

- **Para Tecnología y Sistemas**
  El proceso de transmisión del posicionamiento en esta área implica, además de lo ya mencionado con

respecto a los procedimientos, políticas y normas, centrarse en sus procesos alineados a la gestión eficiente, breves tiempos de respuesta, cuidadosa selección de proveedores que también tengan prácticas verdes y que provean materiales, equipos, sistemas y soluciones amigables con el ambiente y que ahorren energía. Además de la búsqueda constante de tecnología que respalde, soporte y promueva una constante innovación en temas de gestión de energía renovable y ecología.

Para entrar al campo de la tangibilización del *concepto de posicionamiento de la marca interna* en el proceso externo a la empresa, necesitamos trasladar nuestro enunciado y aplicarlo nuevamente al campo de acción de:
1. Los canales de distribución y puntos de venta (*trade marketing*).
2. Los medios de comunicación.

- **Para los canales de distribución y puntos de venta (*trade marketing*)**
  La mejor manera de trasladar el posicionamiento y desarrollar la experiencia de la marca para los clientes en el campo de acción de los canales de distribución, es por medio de la gestión del canal de manera alineada (sean agentes, *partners*, mayoristas, minoristas).
  ¿Qué significa esto concretamente? Significa que debemos lograr que el canal haga su trabajo y desempeñe su labor alineándose, como nuestra extensión, en la manera de ser y actuar en la entrega de nuestra marca a nuestros clientes.
  Debe comunicarse a los diversos actores del canal (mayoristas, minoristas, puntos de venta…) el "cómo" esperamos que desarrollen su labor con los clientes, tal como lo haríamos nosotros.
  Específicamente, para la marca ABC del ejemplo, estos

actores deben resaltar la calidad, el conocimiento de nuestros productos y servicios y el profesionalismo laboral, priorizando los tiempos de respuesta hacia los clientes, compartiendo las prácticas proconservación y verdes a lo largo de todo su proceso. Para ello debemos lograr que alineen sus procedimientos, políticas y normas a los de nuestra compañía, y desarrollar todo nuestro plan de incentivos al canal sobre la base de indicadores (de calidad, conocimiento, profesionalismo, menores tiempos, prácticas verdes...) que nos ayudarán a gestionar utilizando nuestro posicionamiento.

El gran reto en este punto es lograrlo cuando no disponemos de exclusividad en el canal y los actores distribuyen también las marcas competidoras.

Para los canales, en esta coyuntura específica, nuevamente el concepto de *marca interna* que he desarrollado en páginas anteriores se traslada y es extendido hacia el personal de nuestro canal externo (no exclusivo), tal como lo haríamos con nuestros colaboradores. De esta manera, los incentivos deben alinearse al posicionamiento interno e ir en ese sentido.

Lo he visto funcionar muy bien en algunos sectores; recuerdo un ejemplo en particular de un call center que atendía los servicios de diversos bancos y era notorio cómo uno de estos se convirtió en la marca preferida por los teleoperadores para trabajar en él. Esta tarea de comunicación sensibiliza, fideliza, logra preferencia por nuestra marca y mejor disposición a ofrecerla y promoverla, generándonos una ventaja al sumar a los colaboradores del canal, como si fueran nuestros.

- **Para los medios de comunicación y la publicidad**
  Implica que independientemente de los medios a través de los cuales se vayan a concretar las acciones de comunicar y publicitar sobre nuestra marca (sea por

televisión, cable, radio, prensa, diarios, revistas, marketing directo, BTL, redes sociales, webs, portales, blogs, newsletter, e-mailmarketing, aplicaciones, juegos, redes sociales…), mediante el enunciado de posicionamiento contamos con el encuadre, el marco estratégico, la base, desde la cual se deben desarrollar todas las comunicaciones, alineadas en tono y estilo, priorizando motivos, analizando cada mensaje individualmente y su objetivo para no perder de vista el posicionamiento. Además, más allá de la razón de comunicar, hay que determinar el mejor momento de acuerdo con el entorno, según la situación actual de la marca en el mercado y de su público objetivo, para poder determinar la frecuencia que resulte positiva.

- **Para la comunicación interna**
  Implica alinear las comunicaciones internas que deben reflejar el posicionamiento, el cual debe ser el vehículo para clarificar los mensajes sobre la misión, visión, filosofía, valores, objetivos y estrategia de la organización y sus marcas.
  Este marco nos facilita comunicarle al colaborador "su rol" en el gran plan, porque clarifica, integra, nos da un "cómo" común, ayudándonos a manejar mejor posibles barreras, incertidumbres. Genera mayor comodidad porque da certeza y ayuda a sentar las bases para la confianza, la integración, el entendimiento, la colaboración, la sintonía y el buen clima.
  Así, el posicionamiento marca la pauta para decidir los instrumentos, herramientas, canales, formatos, diseños, estilos, tonos, en materiales impresos, digitales, audiovisuales, cartas, circulares, manuales, memos, actas, correos electrónicos, mensajes vía teléfono móvil. Además del estilo de los eventos, aniversarios, lanzamientos, fiestas…
  Definitivamente, aporta en el desarrollo de indicado-

res propios, y del Manual de Comunicación Interna del Colaborador y el Manual de Bienvenida e Inducción.

Recomendaciones y conclusiones

- La recomendación es, como en toda la propuesta del libro, optar por la personalización. No sirve copiar al competidor, ni tomar información de este para aplicarla en nuestra empresa.
- Para el posicionamiento: enfocarse; no podemos ser todo para todos. Y expresar ese posicionamiento de manera simple, tal como es, tratando de develar la esencia y lo que nos diferencia; sin adornar, ni tratar de ser lo que no somos, ni imitar. Será positivo todo lo que desarrollemos de forma auténtica, pensando única y exclusivamente en nuestra marca, en un esfuerzo genuino, integrado, orientado a desarrollar un valioso contenido de adentro hacia fuera, que nos dé la justa medida de lo que necesitamos para gestionar la estrategia a fin de atender de la manera más eficaz y eficiente (que las marcas competidoras) a nuestros clientes. Eso es lo que nos permitirá conseguir su preferencia.
- Podemos concluir, acerca del posicionamiento, que no sucede al azar, en la práctica es el resultado de una formulación estratégica y de un abordaje comercial cuidadosamente articulados, en un mercado, dentro de una categoría de producto o servicio, que requiere de la segmentación de un público objetivo (target, segmento meta) al cual está dirigido nuestro producto o servicio.
- Esto implica: concepto, diseño, diferenciación significativa respecto de las marcas competidoras, con

equivalencia en el precio, en la distribución (a través de los diversos canales y puntos de venta), y cuidado en su difusión: comunicación, promoción y publicidad (a través de sus diversos medios) que pretende lograr una posición - conexión mental y emocional. Esta conexión dependerá del efecto, percepción, que en la práctica se logre en el segmento-meta, todo lo cual se acercará en buena medida al objetivo de la marca (o a lo que la marca haya pretendido lograr), siempre que haya cuidado en todo el proceso, desde la transmisión del enunciado y la declaración de posicionamiento de la parte estratégica a la parte operativa, y se haya asegurado que este correcto traslado fue confirmado en la experiencia del cliente. Howard Schultz, CEO de Starbucks, lo señala claramente: "Los consumidores deben reconocer que representas algo". Y cabría agregar: *algo significativo y valioso para ellos.*

SEXTA PARTE

EL ENFOQUE EN EL CLIENTE REQUIERE UN NUEVO TIPO DE SEGMENTACIÓN: LA RELACIONAL

CAPÍTULO 5

SEGMENTACIÓN RELACIONAL

Para qué es útil la segmentación

La segmentación de mercados es uno de los procesos estratégicos que se desarrollan en marketing. Divide al mercado en grupos homogéneos con características similares, para aplicarles una estrategia diferenciada, con el objetivo de satisfacer de forma más eficiente a cada grupo de clientes.

Definimos *segmento* al grupo de consumidores relativamente homogéneo en cuanto a sus deseos, preferencias de compra, uso de productos y estilo de vida. Entendemos también que *mercado meta* es aquel grupo de clientes (segmento seleccionado) que la empresa decide captar y satisfacer de forma más eficaz y eficiente que la competencia, dirigiendo a ellos su programa de marketing.

La segmentación tradicional

Podemos establecer que en un momento determinado (cuando realizamos el estudio de mercado), un cliente único, agrupado en un segmento en particular, como parte de nuestro mercado meta, tiene ciertos gustos y preferencias, un estilo de vida, cosas que aprecia y valora con relación a cierta categoría de producto o servicio. Esto ocurre *en ese momento determinado de su vida.* Sin embargo, *es una foto cuya imagen varía rápidamente, no es para siempre.*

En esta "foto" se basa la segmentación tradicional.

La segmentación relacional

Recordemos que el ser humano es impredecible; cambian sus intereses, crece, evoluciona. Hoy los clientes tienen un comportamiento cambiante, más aún, muchas veces son *inubicables.* Gracias a la diversidad de dispositivos móviles y multiformatos se desconectan de los medios convencionales de comunicación, ingresan a la gran red e interactúan en los medios sociales.

La última crisis económica, que se dejó sentir en el mercado norteamericano y parte de Europa, ocasionó una nueva y diferente clasificación de los perfiles de consumidores.

Si consideramos que ante determinados momentos, situaciones y decisiones en la vida nuestro cliente actuará como conservador y en otros como emprendedor, parecería poco relevante hablar con certeza de porcentajes y cifras para referirnos a segmentos de la población con tales o cuales características.

Al trasladarnos al mercado real, factores externos que no controlamos (ingreso de nuevas marcas, productos sustitutos o nuevos competidores, una agresiva campaña de bajos precios de nuestro competidor, el incremento o decremento en los ingresos económicos de nuestro mercado meta, por aumento salarial o pérdida de empleo, entre otros factores), cambiarán la manera de actuar de los consumidores.

Al variar las posibilidades del cliente, variarán sus alternativas (decisiones), y así reaccionan a los cambios del mercado según cómo la oferta se acomode a su bolsillo y a sus propios intereses, quitándole vigencia a nuestras estimaciones, cálculos y a la participación del mercado que proyectamos obtener. Denominar, etiquetar al cliente segmentado, clasificarlo con un nombre fijo, sean personas (B2c -Business to Consumer) o empresas (B2B - Businesss to Business), sin duda nos simplifica la comprensión del grupo como tal. Pero es importante tomar en cuenta que, dados los cambios del mercado, la segmentación es temporal. Asignarles indefinidamente nombres permanentes no vinculados a su caracterización puede limitarnos en su comprensión y abordaje.

Cuando trabajamos la segmentación corporativa (empresas), además participan otras variables propias de la relación entre la empresa emisora y receptora del bien o servicio, donde es fundamental conocer al cliente en profundidad. La empresa que llamaremos *emisora* (proveedora, productora, distribuidora, comercializadora) del producto o servicio, establece una relación particular y única con la empresa *receptora* (compradora, consumidora, usuaria) del producto o servicio. Esta relación también se "etiqueta" y se segmenta, enfocada en el tipo de rol (decisor, comprador, usuario, etc.) y de acuerdo con la etapa de maduración comercial (cliente primerizo, o frecuente, leal, antiguo, etc.), reclasificando a los segmentos con nombres que tengan sentido para nuestro modelo de negocio. Esa es la propuesta derivada de este nuevo concepto de *segmentación relacional.*

Recuerdo una experiencia en la que me tocó segmentar las cuentas corporativas del mercado hotelero de cinco estrellas, para el cual se determinaron dos aspectos claves, propios del negocio en esa coyuntura particular: la rentabilidad de la cuenta-cliente (ingresos por *roomnights* o noches de alojamiento) y la potencialidad de la cuenta (potencial de uso futuro medido en noches de alojamiento).

Realizamos un estudio propio aplicando este ejercicio con todas las cuentas corporativas del mercado hotelero de cinco estrellas. Identificamos a nuestros clientes y a los de la competencia, y profundizamos el nivel de conocimiento de nuestros clientes de acuerdo con el "rol o papel" que cumplían en su relación con el hotel. Observamos que cada cuenta corporativa en realidad tenía tres participantes-actores o tipos de clientes: el huésped (usuario del hotel, del que dependía el puntaje de satisfacción del servicio), el gerente de Recursos Humanos o gerente general (el decisor número uno), que marcaba la pauta general del rango de opciones de hoteles de similar categoría, y la asistente o secretaria del decisor número uno (el decisor número dos, o el contacto), que decidía (adónde alojar a sus ejecutivos) en función de la comparación de propuestas entre los demás hoteles, influenciado o influenciada muchas veces por los conocidos programas de puntos por reservas, que se traducen en interesantes premios durante el año por la preferencia.

Este nuevo conocimiento en profundidad de nuestros clientes nos permitió desarrollar estrategias más acertadas personalizando los servicios brindados a cada cuenta-empresa, que permitió llegar a los resultados esperados. Salvo las cuentas cuya política corporativa global establecía que los ejecutivos de su empresa debían alojarse en una determinada cadena de hoteles, todas las demás cuentas fueron captadas, trabajadas una a una: en primer lugar, analizando su rentabilidad y potencialidad, asignándole un número, como en un ranking, que a partir de la fecha significaba el orden en que nos interesaba captarla, mantenerla y/o fidelizarla, y en segundo lugar brindándoles servicios personalizados, según el caso. Etiquetadas las cuentas top del sector, desarrollamos a continuación una estrategia de comunicación también personalizada. Dirigida a cada una *de esas cuentas seleccionadas.*

Comparto otro ejemplo que nos servirá para ilustrar los contenidos sobre los que estamos trabajando, referido al rubro de la **lencería femenina**. En esta categoría, es importante definir si la marca va a satisfacer la demanda de quienes tienen gustos y preferencias por algunas características propias de esta categoría y tipo de productos, y explorar lo que valoran (lo cual cambia según la edad); por ejemplo: los modelos y diseños, la tendencia de la moda, el precio, la calidad, la comodidad, la suavidad, la ocasión de uso (que podría relacionarse con los diversos modelos ofrecidos), la marca, entre muchos otros aspectos.

De acuerdo con este criterio, por ejemplo, si una marca de lencería decide dirigirse a quienes buscan la ocasión de uso, con seguridad podrá desarrollar nombres "creativos" vinculados al producto y la marca, pero sobre todo a la preferencia de su cliente, que se podría sentir identificado con líneas que sugieran o representen estilos y sentimientos específicos (deportivo, informal, elegante, noche, juvenil, sexy, fiesta, oficina), entre otras muchas opciones que se puedan crear.

Lo importante es conocer al cliente, para poder segmentarlo con un "nombre" que lo represente.

Otro ejemplo: **seguros de salud,** categoría en la cual un criterio muy válido para analizar los cambios será el ciclo de vida del cliente afiliado al seguro. Quizá, cuando inició su relación con la empresa de seguros el cliente era una persona soltera, que al poco tiempo se casó, y ahora el seguro es también para el cónyuge. Su perfil cambió de casado sin hijos a casado con hijos pequeños, y luego con hijos en edad escolar, universitarios, hasta que los hijos se independizaron y se fueron de casa. Ahora la pareja tiene nietos; quizá se jubilaron… Lo cierto es que en todo este proceso vital sus necesidades cambiaron muchas veces con respecto al producto-servicio que compraron al inicio.

En cada sector y para cada marca, la evolución del mercado meta, del producto o servicio, es distinta, como también son diversas, cambiantes y particulares las relaciones de cada empresa con sus respectivos clientes.

Recomendaciones y conclusiones

- Esta inestabilidad en los segmentos de clientes, por factores que no controlamos, y en las relaciones que estos establecen con las empresas nos lleva a no recomendar una regla o pauta general, más allá de la indicación de reevaluar constantemente la situación ante los cambios (cada vez que se presenten o se proyecten) en el mercado, para luego analizar qué tan importantes y significativos son estos cambios y así decidir si justifica una redefinición de nuestro target objetivo (mercado meta) y/o en nuestra estrategia.

- Para reevaluar la segmentación realizada, con el objetivo de confirmar o actualizar la información sobre el mercado meta seleccionado, es recomendable usar diferentes y amplios criterios, que nos ayuden al *análisis de cambios y/o etapas* para entender lo que está pasando con nuestro propio grupo seleccionado de clientes.

- La actualización de la segmentación depende de qué tan relevantes y frecuentes sean en el tiempo los cambios del cliente en esa categoría, en cuanto a gustos y preferencias, y del mercado y sector donde participa nuestra empresa, de acuerdo con los factores y variables que lo influencian,

- La segmentación relacional se aplica a los propios clientes con quienes hemos iniciado la relación comercial. En esta, las etiquetas que se utilicen deben ser propias. No imitemos ni copiemos, creemos nombres que mejor expresen el estatus y tipo de relación que se tiene con el cliente. Por ejemplo: *cliente nuevo, cliente temporal, cliente permanente, gran volumen, fiel, referente, exigente, ave de paso, exquisito, testimonio, con la camiseta, afiliado, socio,* entre otras preferencias, segmentando en torno a criterios, factores, variables y características que sean relevantes para nuestro mercado y empresa.

- La segmentación del mercado "inicial" es referencial. Hay que actualizarla periódicamente y lo ideal es desarrollar nuestra propia segmentación relacional.

- La segmentación perfecta no existe. No podemos plasmar resultados precisos y permanentes de la segmentación y el actuar del cliente, una vez que se ha establecido la condición estática del proceso de segmentar y la condición dinámica, cambiante del cliente.
- La segmentación reduce riesgos porque limita nuestro posible actuar a un menor número de posibilidades, dándonos mayor certeza de éxito sobre el segmento a trabajar, y podemos optimizarla en términos de potencialidad y rentabilidad, estudiando segmentos más pequeños dentro del mercado meta, lo que nos permitirá desarrollar estrategias más acertadas para cada uno de estos subsegmentos. Y cuando la relación comercial se inicia, la segmentación relacional nos permite desarrollar estrategias más acertadas para generar mayor lealtad y fidelidad de los clientes.
- Las etiquetas para la segmentación relacional deben describir la esencia de nuestro propio cliente, puntualmente.
- Por último, para llevar al cliente (como consumidor) hacia nuevos escalones en la relación comercial y lograr el objetivo máximo de convertirlo en un *fan*, necesitamos monitorear la segmentación realizada y actualizar nuestro conocimiento sobre el cliente y la situación del mercado en particular.

SÉPTIMA PARTE

¿Y CÓMO LO APLICAMOS AL ÁMBITO PERSONAL?

CAPÍTULO 6

MARKETING PERSONAL

Introducción

Hablar de marketing personal es hacer referencia a nuestra *marca/persona*, que abarca todos los espacios y ámbitos de nuestra vida: personal, familiar, profesional, laboral, social, empresarial.

Desde mi perspectiva y visión, el concepto mismo tiene que ver más con encontrarse y rescatar nuestra *esencia*, que con buscar o desarrollar consejos o *tips*, que nunca están de más y son bienvenidos, pero generalmente apuntan solo a ayudarnos a lograr una imagen y tener un comportamiento adecuado en ciertos momentos, para lograr un objetivo, y no a destilar nuestra esencia personal. Esta última es el objetivo de esta propuesta.

La única *imagen correcta* que deberíamos lograr es la que se alinea con nuestra *identidad*; al ser personas (no podemos crearnos como a los productos , pero sí reinventarnos), nuestra imagen debe sustentar nuestra esencia, y expresar nuestras características diferenciales, como personas únicas que somos.

Me gustaron algunas frases que comparto con ustedes para poder desarrollar una idea más completa del concepto de marca personal[2]:

_____

2. https://www.youtube.com/watch?v=cdKsDHsOm5g

Es encontrar lo diferente y lo relevante que hay en ti para compartirlo con los demás. Katherine Kaputa

Es la huella que dejas en el corazón de los demás. Jordei Collel

Si eres uno más serás uno menos. Andrés Pérez Ortega

Se tú mismo, los demás puestos están ocupados. Oscar Wilde

O me distingo o me extingo. José Manuel Casado

Si nuestra única oportunidad es la de ser iguales, no es una oportunidad. Margaret Thatcher

Es ser tú mismo y hacer que los demás lo vean y entiendan. Pablo Adan

Para ser irremplazable uno debe buscar siempre ser diferente. Coco Chanel

Somos el ceo de nuestra empresa Yo s.a. Tom Peters

Es lo que te hace único lo que te lleva al éxito. William Arruda

Mi nombre es mío. Yo soy la primera y principal fuente de información sobre mí mismo. Anil Dash

Prefiero ser odiado por lo que soy que amado por lo que no soy. Kurt Cobain

Cuando hablamos de marca personal, están involucradas nuestras motivaciones, emociones, percepciones... y mucho más.

Es importante tener claro que, dada nuestra naturaleza, no podemos gustarle a todo el mundo, y eso no debe ser motivo de preocupación, siempre habrá a quien gustemos y a quien no.

Dado que vivimos en un mundo de percepciones, como señalé en uno de los capítulos anteriores, hay que entender que estas son equivalentes en número a las personas que vivimos en el mundo, y por ello encontraremos una gran diversidad de opiniones si les preguntan sobre su marca personal.

Al estar involucrados en nuestro actuar motivaciones, emociones, sentimientos, deseos, finalmente, en la interacción de persona a persona, nuestra marca personal resume la suma de experiencias positivas o negativas que en los distintos ámbitos de nuestra vida tuvimos con los demás.

En la marca personal no hay perfección, debe haber una marcada **diferenciación** y una constante **evolución**, y por supuesto hay dos componentes fundamentales de los que depende su vigencia, especialmente en los ámbitos profesionales: la buena **reputación** y la **capacidad de reinvención**.

Hay que tener en claro que la intención de hacer algo no es lo mismo que hacerlo; intención no es acción, y *la acción lo es todo* para la marca personal, en el sentido de que uno es quien dirige, quien lidera, quien toma la iniciativa y actúa para lograr cualquier objetivo en este campo.

Tu marca personal

Una marca personal nos sirve para entendernos mejor con los demás, diferenciarnos, lograr mayor visibilidad y confiabilidad, mejorar nuestra comunicación con nuestro entorno y personas-objetivo, posicionarnos, lograr la alineación entre nuestra identidad y la imagen que queremos lograr. Todo esto facilita que incursionemos en nuevas actividades, con buenas perspectivas.

Cuando logramos una marca personal diferenciada en un ámbito de desempeño particular, logramos conectar mejor con nuestros respectivos públicos objetivos; hay una familiaridad, una confiabilidad que se va gestando, lo que nos da una mayor consistencia y permanencia en nuestras relaciones.

Esto nos permite una clara diferenciación, que en el ámbito profesional se traduce en mejores posibilidades de incrementar nuestro poder de negociación, en términos de ventajas, beneficios, ingresos económicos recibidos.

Para desarrollar nuestra marca personal, el primer paso es aprender a conocernos, mirar hacia nuestro interior, desarrollar un análisis personal, reconociendo y aceptando nuestra esencia, valores, personalidad, atributos, motivaciones, sentimientos, deseos, pasiones, sueños, objetivos, competencias, y encontrar qué nos hace diferentes, qué nos hace únicos, apreciados y valorados.

Se trata de conocer, entender, asimilar, poner en blanco sobre negro, transcribir en una hoja de papel cuáles son nuestras fortalezas y debilidades y cuáles son las oportunidades que, desde nuestra marca personal, tenemos en nuestro entorno (en el ámbito que queramos trabajarlo), sea personal, social, familiar, profesional, laboral, empresarial (son diferentes *mercados*). Así como nuestros riesgos, entendiéndolos como aquello que nos juega en desventaja frente a nuestros competidores, nuestros pares, como si fuéramos una marca/producto que se desenvuelve en una categoría en el mercado.

En este sentido, la marca personal comunica la promesa de valor única que ofrecemos a nuestro público objetivo en los diferentes espacios donde interactuamos.

Las bases para desarrollar tu marca personal

Nuestro público objetivo (es aquel al que estamos dirigiendo los esfuerzos de nuestra marca personal), lo forman todas aquellas personas que influyen y participan de una u otra manera en el logro de nuestros objetivos, en los diferentes ámbitos donde nos desarrollamos: amigos, compañeros, colegas, familiares, clientes, proveedores, empleadores, gente de nuestro entorno más cercano... Es recomendable desarrollar un plan independiente para cada ámbito. Veamos.

- **Personal:** pasatiempos, *hobbies*, actividades personales.
- **Amistades, relaciones:** pareja, amigos, relaciones personales.
- **Familiar:** abuelos, hermanos, padres, hijos, etc.
- **Social:** entornos sociales, clubes, asociaciones.
- **Profesional:** emprendimientos, carrera.
- **Laboral:** trabajo, colegas, pares, jefes, empresa.
- **Empresarial:** mi empresa, proveedores, empleados, clientes.

El *mix* entre nuestra opinión y la que tengan los diversos actores de nuestros ámbitos y diferentes espacios en nuestra vida refleja *la opinión que tendrá el mercado sobre nuestra marca personal.*

Por eso, el reto más grande consiste en administrar esa suma diversa de percepciones acerca de nosotros mismos, y desarrollar las acciones que nos permitan alinearlas (nuestra identidad deseada e imagen proyectada) con el posicionamiento que queremos lograr.

En lo que respecta a la marca personal, nuestro posicionamiento es una fórmula resultante de la suma de dos miradas: por un lado, nuestra visión, opinión, idea sobre nosotros mismos, y por otro lado la visión, opinión, idea que los otros tienen de nosotros, que se relaciona además con el concepto de *reputación.*

Es importante desarrollar algunos pasos a fin de que podamos tener la información que necesitamos para, luego, desarrollar también nuestro *enunciado de posicionamiento de marca personal.*

A fin de reunir esta información desarrollemos punto por punto lo siguiente:

I. Defínete: quién eres

Encuentra ese medio justo entre lo que tú piensas que eres y lo que tu entorno percibe de ti.

Esta información nos servirá para tener el punto de partida de nuestro posicionamiento; al igual que lo hacemos con los productos o servicios. Necesitamos saber si necesitamos redefinir nuestra identidad de marca, en el sentido de si estamos proyectando o no quiénes somos, aquello que nos diferencia y da ventaja; si necesitamos mejorar la imagen percibida, si debemos precisar y mejorar la comunicación, los mensajes, los canales y medios. Confirmar si conceptualmente se logró transferir nuestra esencia en la relación con los demás, en la experiencia, en el día a día; si estamos dejando huella; etc.

II. Decide: qué quieres lograr

Hasta dónde quieres llegar; proyéctate en cada uno de los ámbitos de tu interés.

III. Analiza: qué te falta para lograrlo

En términos de: imagen, conocimientos, experiencia, valores, habilidades, capacidades, comportamientos, motivación, etc.

Una cuestión clave, luego de reconocer quiénes somos y qué queremos lograr, es preguntarnos, para los efectos del desarrollo de nuestro **Plan de Marca Personal**:

−*¿Hoy qué tengo?* y
−*¿Hoy qué me falta?*,

para acortar la brecha que debo cubrir, a fin de lograr los objetivos que me estoy planteando[3].

IV. Resuelve: cuándo empiezas
Es importante fijarse una fecha de inicio, marcar ese día en el calendario, tomar en nuestras manos las riendas de la gestión de nuestra marca personal.

V. Desarrolla tu Plan de Marca Personal
Define tu objetivo, decide cuál será la meta, desarrolla tu estrategia: cómo lograr el objetivo y las actividades que requieres realizar, alineadas en un cronograma de actividades, con los presupuestos y recursos necesarios que deben sustentar esa estrategia y completar tu plan.

Tu posicionamiento de marca personal

Aplicaremos nuevamente el enunciado de posicionamiento, mediante un ejemplo para definir tu *marca personal para el ámbito profesional*:

Yo, (nombre y apellido)
soy el mejor (consultor en Energía Renovable)
para (empresas del sector industrial y de servicios)
que (valoran el conocimiento, y el profesionalismo laboral)
porque (estoy comprometido con las prácticas verdes)
y gracias a (mi amplia experiencia innovando en proyectos pro medio ambiente aplicando las mejores prácticas proconservación)
brindo (el mejor soporte y servicio profesional en este campo).

---

3. http://www.marketingprofs.com/authors/693/william-arruda

Basados en el *enunciado de posicionamiento de la marca personal* ya desarrollado, podemos redactar las líneas que van en el encabezado de nuestro resumen curricular o cv:

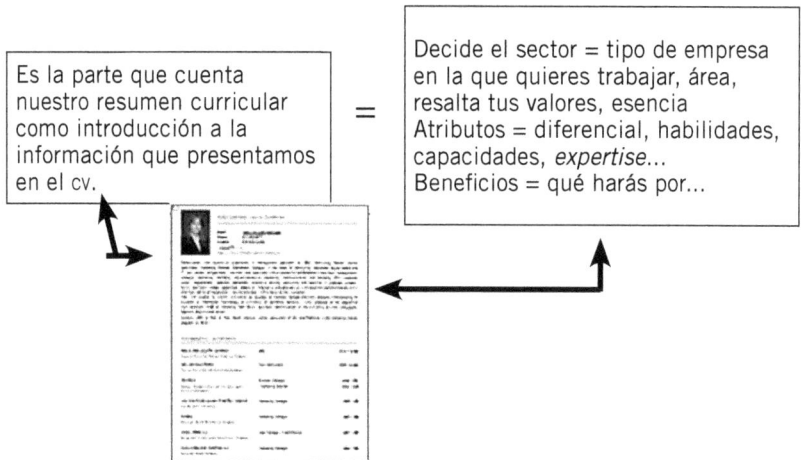

Es importante que logremos definirnos en estas pocas líneas, que logremos transmitir y comunicar nuestra esencia. Señalar el sector de nuestro interés, el tipo de empresa en la que quisiéramos trabajar, en qué área; resaltar nuestros valores, esencia, nuestra ventaja diferencial, atributos, habilidades, capacidades, *expertise* en general. Pero también específicamente nuestros atributos para la posición profesional solicitada o de interés, así como incluir cuál es el beneficio concreto que se derivaría de contar con nuestros servicios, lo que podríamos hacer y lograr desde esa particular posición.

Después de hacerlo una y otra vez, con la práctica, redactar el enunciado de posicionamiento será cada vez más sencillo.

Recomendaciones

- Somos únicos, y en cada uno de nosotros hay una marca que está esperando salir y expresarse para poner en evidencia esa combinación de atributos y beneficios únicos que nos convierten en esa irrepetible e inigualable marca personal que tenemos para ofrecer.
- Tomemos las riendas de la gestión de nuestra marca personal y no dejemos que esta siga siendo la resultante de la casualidad, la suerte o el destino.
- Decidamos el orden en el que queremos gestionar nuestra marca personal en cada uno de nuestros entornos y ámbitos: personal, de pareja, familiar, social, profesional, empresarial…
- El mundo físico, virtual y on line es uno solo, todo está interconectado en lo que respecta al desarrollo de nuestra marca personal.
- Cuidemos nuestra reputación en todos los ámbitos.
- Nosotros debemos controlar nuestra marca personal, no dejemos que otros lo hagan.
- Desarrollemos una gestión activa que nos permita mejorar e incrementar nuestra visibilidad y mejorar nuestra reputación.
- Manejemos nuestra privacidad; no es necesario compartir toda nuestra intimidad ni compartir siempre todo con todos.
- Seamos nosotros mismos.

SOBRE LA AUTORA

Ada Leyva es una profesional de sólida trayectoria y una apasionada del marketing. Lo que escribe es producto de su experiencia en diversos sectores, en empresas locales y trasnacionales, que abarca la gestión empresarial, la gestión de marcas, el desarrollo de estrategias de marketing en diversas categorías de productos y servicios, la comunicación y el manejo de medios y canales físicos, digitales, virtuales, on line.

Ejerce la consultoría empresarial y se desempeña como docente de posgrado en marketing. Es investigadora, emprendedora y –por supuesto– una exigente consumidora.

Experimentó las dos épocas o etapas del marketing, el llamado marketing convencional de los medios tradicionales y el marketing digital con el arribo de los nuevos medios interactivos y las redes sociales. Al ejercer su carrera desarrolla un enfoque integrador, compartiendo opiniones y experiencias.

Es directora y consultora principal de AGL Consultoría (www.aglconsultoría.com) organización que integra un moderno enfoque de capacitación y consultoría de vanguardia en tecnología, para programas In Company.

Es Consulting Partner South America de Ries & Ries, firma líder global de Branding, lidera la sede de consultoría en Sudamérica (www.riessudamerica.com). Co-fundadora de IPMedia, empresa consultora en medios digitales e interactivos, y creadora de diversos emprendimientos.

Se desempeña como docente de la Maestría de Marketing en la Escuela de Posgrado de la Universidad ESAN y de la Maestría de Comunicación Estratégica de la Universidad de Piura. Ha dictado diversos cursos de Marketing en otras destacadas instituciones educativas y Escuelas de Negocios, una de ellas afiliada a Laureate International Universities, entre otras. Su actividad docente incluye programas de MBA, diplomaturas internacionales, especialización y extensión.

Como catedrática, diseñó e implementó más de veinte cursos de diversas temáticas; Segmentación y Posicionamiento, Branding, Gestión de Marca, Branding Interno, Marketing Relacional, Marketing Digital, Marketing de Servicios, BTL y Publicidad Alternativa, Comunicaciones Integradas de Marketing, Relaciones con Medios, Comunicación Corporativa, Marketing Personal, Marca Interna o Marca Empleadora, entre otros. Comparte con sus alumnos y participantes de sus cursos una innovadora web de cursos de marketing con modulo on line: www.adagabrielaleyva.com.

Es investigadora, y es frecuentemente invitada como conferencista.

Es MBA, profesional de Marketing y Administración de Empresas con especialización y posgrados en Marketing y Marketing Digital. Ha realizado estudios en Université du Québec à Montréal - Canadá, USIL, University of California - EE.UU., Escuela de Posgrado Universidad ESAN y Universidad de Lima, entre otras.

PALABRAS DE LA AUTORA

Me apasiona el marketing, lo conocí en mis primeros años de carrera. Para mí fue descubrir la especialidad dentro de la Administración que más me influiría, sin saber en ese entonces que me permitiría desarrollar diversas actividades.

Con el paso del tiempo consolidé estudios y experiencia como profesional, docente y consultora, desarrollando nuevos conceptos que me fueron de gran utilidad al llevarlos a la práctica en el campo profesional.

Al ejercer mi carrera, la docencia de marketing en escuelas de negocios y la consultoría, desarrollé gran cantidad de información y contenidos propios: ejemplos, gráficos, presentaciones, artículos, casos, emprendimientos, proyectos y un innovadora web de cursos de marketing con modulo on line.

Hoy comparto con ustedes el resultado de mis resúmenes, análisis, comentarios, reflexiones y experiencias, que pueden tomar como referencia para conectarse con su propia realidad.

Así como algunos autores me influenciaron con sus conceptos, espero con este aporte animar a las jóvenes generaciones a que abran nuevos espacios de debate y creen nuevas ideas para poner en práctica, a fin de llevar al marketing a su siguiente nivel.

CONTACTO

Nos encantaría conocer su opinión sobre el libro.

Escríbanos a:
escribanos@marketingenesencia.com

O directamente a la autora a:
ada@marketingenesencia.com

Visite: www.marketingenesencia.com

Otras actividades de la autora

- Capacitación y consultoría de marketing:
  www.aglconsultoria.com

- Consultoría de enfoque:
  www.riessudamerica.com

- Cursos e información de docente:
  www.adagabrielaleyva.com

www.ingramcontent.com/pod-product-compliance
Lightning Source LLC
Chambersburg PA
CBHW060028210326
41520CB00009B/1046